职业教育智能网联汽车技术创新与应用系列教材

智能网联汽车底盘线控系统检修

主　编　彭德豹　张树峰　高培金
副主编　刘中习　李文婷　郭景娟
参　编　张　谦　汤少岩　赵德强　丁栋厚
　　　　蔡龙普　代金龙　孙　灿　贺怀文

机械工业出版社

本书是根据职业院校技能型人才培养方案的教学要求，参考《汽车维修工国家职业技能标准》中对智能网联汽车底盘线控的技能要求、相关知识要求和考核项目编写而成的。

本书主要介绍智能网联汽车底盘线控系统装调与检修的内容，包括走进智能网联汽车底盘线控系统、智能网联汽车线控驱动系统装调与检修、智能网联汽车线控转向系统装调与检修、智能网联汽车线控悬架系统维护与检修、智能网联汽车线控制动系统装调与检修。学生通过智能网联汽车底盘线控系统装调与检修的学习，可以具备智能网联汽车底盘线控系统的拆装、参数读取、程序调试、故障检修等技术能力，最终能够依据智能网联汽车产业、行业、企业的标准及规范，完成智能网联汽车底盘线控的基础维保及相关售后服务工作。

本书为理实一体化教材，同时配套了教学设计、教学课件和实训工单等教学资源。另外，本书还配套了操作视频和教学动画，用手机扫描二维码，便可观看相关视频与动画。

本书可作为智能网联汽车技术相关专业的教学用书，也可作为企业培训部门、职业技能鉴定培训机构、再就业培训机构的教材，还可供相关岗位工程技术人员参考使用。

图书在版编目（CIP）数据

智能网联汽车底盘线控系统检修 / 彭德豹, 张树峰, 高培金主编. -- 北京：机械工业出版社, 2024.11.
（职业教育智能网联汽车技术创新与应用系列教材）.
ISBN 978-7-111-77136-4

Ⅰ. U472.41

中国国家版本馆CIP数据核字第20247BU275号

机械工业出版社（北京市百万庄大街22号　邮政编码100037）
策划编辑：于志伟　　　　　责任编辑：于志伟
责任校对：贾海霞　李　婷　　封面设计：张　静
责任印制：张　博
北京联兴盛业印刷股份有限公司印刷
2025年1月第1版第1次印刷
184mm×260mm・14.75印张・357千字
标准书号：ISBN 978-7-111-77136-4
定价：55.00元（含实训工单）

电话服务　　　　　　　　网络服务
客服电话：010-88361066　机　工　官　网：www.cmpbook.com
　　　　　010-88379833　机　工　官　博：weibo.com/cmp1952
　　　　　010-68326294　金　书　网：www.golden-book.com
封底无防伪标均为盗版　　机工教育服务网：www.cmpedu.com

前　言

《国家职业教育改革实施方案》指出，要建设一大批校企"双元"合作开发的国家规划教材；专业教材要随信息技术发展和产业升级情况及时动态更新。教育部印发的《关于职业院校专业人才培养方案制订与实施工作的指导意见》和《职业院校教材管理办法》要求，要强化课程思政，实现思想政治教育与技术技能培养的有机统一；要加强课程资源建设，引入典型生产案例，普及项目教学、案例教学、情景教学、模块化教学等教学方式。为全面贯彻落实国家和教育部有关文件精神，我们组织行业企业专家、教科研机构研究人员及职业院校骨干教师，联合开发了本书。

本书旨在遵循职业教育教学规律，强调综合职业能力培养，推动理实一体化教学，体现课程综合育人目标。本书主要具有以下特色：

1. 以立德树人为根本任务，科学融入职业素养相关内容

为贯彻落实党的二十大精神，本书以立德树人为根本任务，提炼课程的思想政治教育和劳动教育内容，科学地融入精益求精的工匠精神、爱岗敬业的劳模精神、服务他人的责任意识、锐意创新的价值追求、坚韧不拔的意志品质、无私奉献的职业情怀等。

2. 以"项目—任务"为驱动，构建理实一体化课程

本书立足职业教育类型属性，强化产教融合、校企合作，以"项目—任务"为引领，通过对典型专业岗位职业能力分析，提炼典型工作任务，借助典型工作任务驱动学生技能训练和知识学习，推动基于"做中学、学中做"的教学方法改革，激发学生学习兴趣，使学生真正掌握与实际工作岗位紧密联系的基础知识、关键能力和职业素养。

3. 以职业标准和教学标准为基础，校企合作重构知识体系

智能网联汽车底盘线控系统检修是一门实践性很强的课程。我们依据职业标准和教学标准，与山东星科智能科技股份有限公司进行校企合作，开发了适应岗位需求的理论和实践教学内容，并强调知识的"必需、够用和实用"，以适应职业教育的教学要求，遵循职业教育教学规律。

4. 以岗课赛证融通为原则，突出"1+X"职业技能标准

教材是实现岗课赛证融通的基础依托，本书对照相关企业"1+X"职业技能等级证书标准，把标准所蕴含的学习内容最大化地转化为教材内容，并引入行业"新技术、新工艺、新规范、新要求"，从根本上改变职业教育教学内容与社会需求脱节现象，实现教学体系与社会需求体系的对接。

本书由彭德豹、张树峰、高培金担任主编，刘中习、李文婷、郭景娟担任副主编，张谦、汤少岩、赵德强、丁栋厚、蔡龙普、代金龙、孙灿、贺怀文参与编写。本书的任务案例由山东星科智能科技股份有限公司、山东顺骋汽车集团有限公司、济南新大友汽配有限公司的一线维修技术人员收集提供。在编写过程中编者参阅了一些国内外的同类书籍，在此向有关维修技术人员和作者表示衷心的感谢！

由于编者水平有限，书中错误、疏漏之处在所难免，敬请广大师生和读者批评指正。

编　者

二维码清单

名称	图形	名称	图形
CAN 调试软件使用		线控驱动系统结构认知	
底盘线控系统 D 位调试报文		转向系统数据流读取	
线控制动系统组成与原理		CAN 调试软件参数调整	
线控技术介绍及应用		故障码的读取	
线控转向系统线路连接		线控制动系统结构认知	

（续）

名称	图形	名称	图形
线控转向系统介绍及应用		转向控制协议报文计算	
线控转向系统结构认知			

目 录

前言

二维码清单

项目一　走进智能网联汽车底盘线控系统 …… 1
　　任务一　智能网联汽车底盘线控系统认知 …… 2
　　任务二　底盘线控系统检修工具设备的使用 …… 12

项目二　智能网联汽车线控驱动系统装调与检修 …… 23
　　任务一　智能网联汽车线控驱动系统拆装 …… 24
　　任务二　智能网联汽车线控驱动系统调试 …… 33
　　任务三　智能网联汽车线控驱动系统故障检修 …… 45

项目三　智能网联汽车线控转向系统装调与检修 …… 57
　　任务一　智能网联汽车线控转向系统拆装 …… 58
　　任务二　智能网联汽车线控转向系统调试 …… 69
　　任务三　智能网联汽车线控转向系统故障检修 …… 76

项目四　智能网联汽车线控悬架系统维护与检修 …… 92
　　任务一　智能网联汽车线控悬架系统维护 …… 93
　　任务二　智能网联汽车线控悬架系统检修 …… 99

项目五　智能网联汽车线控制动系统装调与检修 …… 106
　　任务一　智能网联汽车线控制动系统拆装 …… 107

任务二　智能网联汽车线控制动系统调试 …………………………………… 118

任务三　智能网联汽车线控制动系统故障检修 ………………………………… 126

参考文献 ……………………………………………………………………………… 139

智能网联汽车底盘线控系统检修实训工单

项目一
走进智能网联汽车底盘线控系统

【项目描述】

智能网联汽车是新一轮科技革命背景下的新兴产业,在为人们的出行带来便利的同时,还可以提高交通安全,减缓交通拥堵,提高交通效率,更能实现节能减排,推动汽车、智能、电子、通信、社会管理等行业的协同发展,对促进汽车产业转型升级具有重大战略意义。

随着汽车电动化、网联化、智能化、共享化的到来,汽车进入划时代变革时期,底盘集成化程度越来越高。底盘线控技术作为汽车发展"四化"的关键技术,为未来智能汽车自动驾驶优化、智能座舱研发做好技术积累。底盘线控技术是在传统汽车的基础上,将机械操作机构或液压操纵部件替换为高速容错通信总线连接,与高性能中央处理器进行信息交换与互通,达到高效率通信的电气系统。《新能源汽车产业发展规划(2021—2035年)》明确指出,要实施智能网联技术创新工程,底盘线控技术被列入智能电动汽车核心技术攻关工程,这也说明智能网联汽车底盘线控技术在汽车发展中的核心地位。

【知识脉络图】

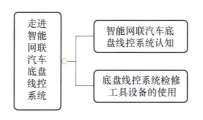

任务一　智能网联汽车底盘线控系统认知

【任务导入】

某整车生产厂家生产一款智能网联汽车，该车需要对底盘系统进行维护。作为底盘线控系统装调人员，请你根据底盘线控系统的组成等基础知识，完成该车底盘线控系统的维护工作。

【任务目标】

素养目标	知识目标	能力目标
1. 养成良好的行为规范和职业道德 2. 培养良好的团队意识及沟通交流能力 3. 养成善于思考、深入研究等良好的自主学习习惯	1. 了解各部件间的位置及逻辑关系 2. 掌握底盘线控转向系统、制动系统以及驱动系统的功能及作用 3. 了解底盘线控系统的工作原理	1. 能够根据操作规范及技术要求完成底盘线控转向系统的基本认知 2. 能够根据操作规范及技术要求完成底盘线控制动系统的基本认知 3. 能够根据操作规范及技术要求完成底盘线控驱动系统的基本认知

【知识准备】

线控技术（X-By-Wire）最早在飞机上应用，其基本原理是将飞机的各类信号通过传感器转换为电信号，将电信号输入 ECU，ECU 输出控制指令控制各执行器（副翼、升降舵等）动作，从而控制飞机的航向和高度等。汽车线控技术由飞机的线控技术演化而来，其同样由传感器、控制器和执行器等组成，用导线和电子元器件取代传统的机械和液压传动装置。

随着汽车电子技术的发展，电子控制系统在汽车中的应用范围越来越广，汽车向集成化、模块化、机电一体化及智能化方向发展。汽车线控技术在智能网联汽车发展及新能源汽车的应用十分重要。

一、底盘线控技术的作用

智能网联汽车主要包括智能化与网联化两个方向，要实现车辆的智能化与网联化，需要通过整车控制器（Vehicle Control Unit，VCU）对车辆信息进行整合计算，并传输到底盘系统。底盘系统按照指令进行精确执行，在驾驶过程中，汽车需要大量、精确的底盘系统信号感知车辆状态，保证车辆的安全性、稳定性和操纵性。传统车辆机械结构及液压结构复杂，不易实现精准的控制，底盘线控系统可根据指令利用电信号实时地控制底盘执行机构做出相应动作，随时监测车辆的运动状态，即时反馈给汽车，底盘线控技术已成为智能网联汽车的标配。线控技术是实现汽车智能化、电动化以及能量回收的重要前提条件。汽车底盘是汽车重要组成部分之一，底盘线控技术水平直接关系到汽车的加减速响应时效、转向灵活性等功能。随着汽车智能化水平的提高，底盘整体系统受益较大。底盘线控技术的快速发展大大降低了车辆机械系统的复杂程度，控制执行单元可以随时监测车辆的即时运行状态，给车辆发出最佳的控制信号，以便获得汽车整体的最佳性能，提高汽车的安全性、稳定性和操纵性，提升汽车节能环保的效能。

智能网联汽车的底盘线控技术是利用电信号取代机械或液压部件向执行机构传递信息。智能网联汽车通常具有人工驾驶和自动驾驶两种模式。在人工驾驶模式下，整车控制器（VCU）接收驾驶人操作的信号及车辆信息，利用VCU将底盘各个部件之间的信息进行整合运算，来控制执行机构进行相应的操作。在自动驾驶模式下，计算平台接收环境感知传感器发送的数据，对数据进行计算后，通过控制器局域网络（Controller Area Network，CAN）发送给VCU，VCU对计算平台发送的数据再次进行分析处理，通过CAN线发送给底盘线控系统，最终实现整车控制。底盘线控技术在人工驾驶模式向自动驾驶模式发展的过程中，将人为操作的信号最终由环境感知传感器所代替，VCU通过计算平台分析环境感知传感器的信号，来控制底盘线控系统。底盘线控系统控制逻辑如图1-1所示。

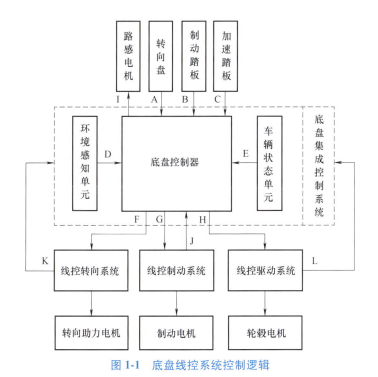

图 1-1　底盘线控系统控制逻辑

线控技术介绍及应用

二、底盘线控系统的组成

智能网联汽车底盘线控系统包括线控转向系统（SBW）、线控驱动系统（DBW）、线控制动系统和线控悬架系统四个子系统。智能网联汽车通过四个子系统之间的配合来控制车辆前、后、左、右、上、下六个自由度，即纵向、横向和垂向的运动，使车辆能够按照智能决策准确稳定地行驶。汽车横向运动是与车辆行驶方向垂直的运动，主要由线控转向系统控制；汽车纵向运动是指与汽车行驶方向相同的平动运动，纵向运动控制由线控驱动系统和线控制动系统配合控制；汽车垂向运动是汽车在行驶过程中与车轮平面平行的运动，主要由线控悬架系统控制。

1. 线控转向系统

智能网联汽车的线控转向系统是利用电信号传递信息的一种电气系统。以电动助力转向系统（EPS）为基础，逐步优化发展。将转向盘和转向执行机构之间的机械连接替换为控制单元控制伺服电机，从而来驱动转向机构，智能网联汽车线控转向系统的组成如图1-2所示。线控转向系统在车辆实现自动避障、自动泊车和车道保持等功能中，智能地控制车辆横向运动。

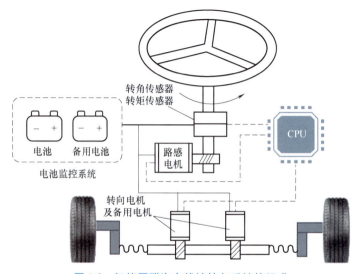

图1-2 智能网联汽车线控转向系统的组成　　　　线控转向系统结构认知

智能网联汽车处于人工驾驶模式时，当驾驶人转动转向盘时，转向盘上的转矩传感器和转角传感器会测量到转向盘转矩和转向盘转角，转矩和转角信号会转变成电信号输入电子控制单元（Electronic Control Unit，ECU），ECU通过计算输出正确的指令，控制转向执行电机，使其做出正确的旋转方向、转矩大小和旋转速度的动作，控制机械转向装置，再由机械转向装置控制转向轮，汽车车轮最终达到驾驶人期待的转向轨迹。同时，汽车行驶的转速和转角等信息，通过位移传感器转换成电信号反馈给ECU，进而驱动路感电机，反馈给驾驶人一定的转向盘力矩，来模拟路感。当处于自动驾驶模式时，驾驶人转动转向盘的人工驾驶操作，将变为计算机平台向VCU发送转向意图的自动驾驶操作，计算平台根据接收的环境感知传感器的信号和预置的行驶轨迹等，判断汽车的行驶方向，通过CAN总线发送给VCU，VCU经计算再通过CAN总线发送给线控转向系统ECU，进而控制汽车进行转向。

线控转向系统的控制系统要解决车辆的各种情况，转向电机需要的力计算复杂，这就对转向执行电机的算法及VCU有更高的要求。因为线控转向系统对车辆的可靠性与安全性至关重要，所以在线控转向系统中多采用容错控制技术，常用的容错控制技术有硬件冗余方法和解析冗余方法。硬件冗余方法通过设置两套独立的机械装置，对重要部件和极易发生故障部件提供备份,从而提高系统的容错性能。例如,在电控助力转向中加装一个离合器,当车辆正常行驶时,离合器为分离状态,车辆依靠电子信号来传输信息;当电子信号出现异常,离合器接合,使车辆的转向信号由机械部件进行传递。

解析冗余方法也称为控制冗余法,通过算法冗余,使车辆在发生故障时,容错情况下能够实现基本转向功能,但该方法需要科学设计控制器的软件,来提高整个系统的冗余度,这也是目前智能网联汽车线控转向系统发展中要解决的重要课题。各大公司基于不同的设计需求采取了相应的容错控制方法,例如,基于数学模型、信号处理、环境感知等方面采取控制措施。

2. 线控驱动系统

智能网联汽车的线控驱动可以调节车辆纵向运动中车辆向前的运动,实现对车辆期望车速的精准控制。线控驱动系统将原来由机械传递(如驾驶人踩加速踏板动作),变成由电信号精确传递驾驶人动作。若是自动驾驶模式,将由计算平台替代踩加速踏板、操纵变速杆等,由电信号来控制驱动电机,线控驱动系统的组成如图1-3所示。线控驱动系统功能的实现需要线控加速系统和线控换档系统配合。

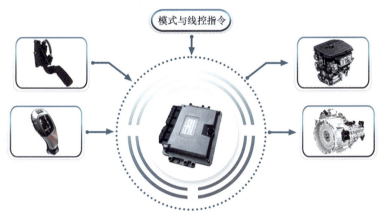

图1-3 线控驱动系统的组成

线控驱动系统结构认知

线控加速系统主要通过传感器采集、传送加速踏板深浅与快慢的信号,从而实现踏板功能的电子控制,这个信号会被控制单元接收、解读,再发出控制指令,控制行驶速度。线控加速系统根据动力来源不同,分为燃油汽车线控加速系统和纯电动汽车线控加速系统,下面以纯电动汽车线控加速系统为例,分析其工作原理。在智能网联汽车线控加速系统中,驱动系统能量由动力蓄电池提供,"加速踏板"控制的是驱动电机的转矩和转速,它和计算平台、VCU、电机控制器(Micro Controller Unit,MCU)等一同实现车辆的加减速,计算平台通过周围环境信息融合计算出最佳行驶信息并发送给VCU,由VCU向MCU发送踏板踩下程度等信息,MCU控制驱动电机的转矩和转速,从而实现车辆加速,相当于加速踏板的控制。

线控换档系统省去变速杆到变速器的传统机械式结构,整个系统更轻、更小、更智能,在现代车辆上应用广泛。实现电控换档后,其智能化的操作能判断驾驶人的换档错误操作,避免对变速器造成损伤,从而更好地保护变速器。当选用人工驾驶时,驾驶人操作操纵杆,操纵杆上的传感器会根据换档动作将其转换为电信号,电信号传送给电控单元,电控单元根据预先设定程序,对信号进行计算处理,后将指令发送给换档电机,换档电机决定P、R、N、D四个档位之间的转换。当车辆选用自动驾驶模式时,驾驶人操纵换档选择模块的人工驾驶操作,将变为汽车自动判断所需档位，并进行自动换档的自动驾驶操作，车辆通过环境感知传感器收集到的信号，通过电控单元进行计算，最终实现前进档、倒车档、空档、驻车档的转换。

3. 线控制动系统

智能网联汽车线控制动系统的功能与传统汽车制动系统一样，是为了保证车辆能够按照路况等条件进行强制减速直至停车，但是其结构有所区别，线控制动系统取代机械或液压部件，通过线控也就是电子信号，将输入接口（制动踏板）和执行机构（制动执行器）相连接，线控制动系统的组成如图1-4所示。

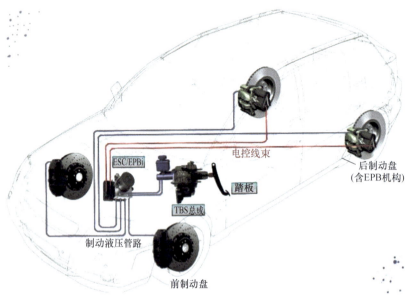

图1-4 线控制动系统的组成　　　　　　　　　　线控制动系统结构认知

线控制动系统对信号精准性和通信协议安全性要求很高。目前，车辆上常用的底盘线控制动系统有液压式线控制动系统和机械式线控制动（Electro Mechanical Brake，EMB）系统两种形式。

液压式线控制动系统在传统液压制动系统的基础上，取消了制动踏板与制动缸之间的机械连杆与液压管路。在制动踏板上安装传感器，传感器信号转换成电子信号传输给制动执行器ECU，制动执行器ECU根据电子信号来判断制动踏板的动作，或由环境感知传感器检测到障碍物（无人驾驶车辆），由车载计算平台发送信号至制动执行器ECU，制动执行器ECU接收到信号后，通过计算向液压执行机构发送执行命令。

机械式线控制动系统是利用电子机械系统代替所有的液压装置，制动器中的液压执行机构被电机驱动装置取代，完全属于线控制动系统。机械式线控制动系统主要由车轮制动模块、中央电控单元和电子踏板模块等组成。电子踏板模块将作用在制动踏板上的力和速度转化为电信号，中央电控单元接收电信号，结合接收制动踏板的信号、车轮传感器信号和车速信号等，根据预先设定的控制算法进行运算，得出控制信息，例如，判断车轮是否打滑或抱死，从而控制制动器制动。

智能网联汽车电控化程度高，线控制动系统可以与智能网联汽车完美融合，并且线控制动系统制动响应时间和制动反应更快,同时,能够提升制动能量回收效率。另外,制动时间的缩短相当于提高了安全性,也在一定程度上提高通行效率。但是,制动系统与车辆的安全性能息息相关,取消机械与液压连接部分的线控制动系统,必须有更严密的控制系统来保障车辆的安全。一般控制都采用冗余的方式,在冗余控制的基础上,系统中每一个节点之间的串行通信必须支持容错,以此来增加其安全可靠性。长城汽车旗下的精工菲格就推出了EMB,取消了原有的制动系统,包括车身稳定控制系统(Electronic Stability Program,ESP)、电子驻车系统(Electrical Parking Brake,EPB)、管路,使电控软件和ECU实现集成化。

4. 线控悬架系统

智能网联汽车线控悬架系统主要调节车辆的垂直方向,其根据车辆的实时运动情况和外界干扰输入,自主调节悬架系统的性能参数,进而调整车身的运动状态,使车辆具有良好的平顺性、操作性与舒适性。

线控悬架系统的主要作用在于控制车身高度,在汽车行驶过程中,传感器将道路情况和汽车的速度、加速度、转向和制动等工况的电信号传递给ECU,ECU对传感器发送的电信号进行综合处理,输出控制信号到执行器,进而调整减振器阻尼系数,控制弹性元件刚度和车身高度,线控悬架系统的组成如图1-5所示。

根据车辆的运动和装载等不同情况,车辆的控制策略计算不同的数据,例如车辆载荷、车速等,从而控制线控悬架系统。车辆的载荷不同会影响车身高度,线控悬架系统根据车辆载荷情况,来调节车身高度,使车辆的车身行驶姿态更加稳定。停车后,乘员减少,载荷也减小,车身因重力减小而使其高度升高。为了减小悬架系统负荷及改善汽车外观形象,控制系统会自动降低车身高度。当车辆高速行驶时,

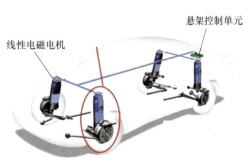

图1-5 线控悬架系统的组成

为了提升行车的操作稳定性,悬架主动降低车身高度。车辆在凹凸不平的路面上行驶时,为避免与地面或悬架磕碰,悬架控制系统会主动升高车身高度。

线控悬架系统能够根据不同的行驶环境对底盘的减振器特性进行调整,从而极大改善汽车的平顺性与操作稳定性,并且线控悬架系统相比其他三个线控系统控制部分更简单,发展更成熟,在车辆上有广泛的应用。

三、底盘线控控制工作原理

因为传统汽车利用发动机作为主要的动力来源,所以传统汽车的底盘线控技术缺少对驱动部分的控制。随着智能网联汽车电气化程度的提高,通过电控单元实现的控制输入量越来越多,车辆的控制方式要求更加精准、速度更快。

1. 全矢量单独车轮控制

智能网联汽车底盘线控包括四个子系统,它们之间相互协作,控制车辆的纵向、横向及垂直方向的运动,对应车辆前、后、左、右、上、下六个自由度,这六个自由度最终在车轮的运动上体现。因此,一辆汽车若能实现所有车轮的六个自由度作用力独立控制,这辆车就

属于全矢量单独车轮控制。

全矢量单独车轮控制是个驱动系统，每个单独的车轮都有驱动、制动、转向和悬架四个独立的操控部件，每一个车轮都设立单独的车轮控制单元，各个车轮由对应的车轮控制单元直接控制。再利用域控制器，使各个车轮控制单元之间交互协作，更好地实现功能性和安全性，同时为智能网联汽车的发展给予更多的附加性能和附加值。利用全矢量单独车轮控制形式，可以有效地缩短控制单元从接收信号到发出指令的时间，从而提高车辆的安全性。

2. 底盘线控集成控制架构

在传统汽车中，液压和机械动力的传输速率过慢，并且机械过多是硬连接，而智能网联汽车电气化程度高，两者不能完全融合。底盘线控技术电气化程度高，各个子系统之间的联动性对汽车的整体性能影响很大。因此，为满足车辆的需求，要求智能网联汽车底盘线控实现集成化控制。

智能网联汽车在行驶过程中，底盘的各个电控部件相互影响、相互制约，整车性能的提升需要底盘各个执行部件的协调作业。智能网联汽车底盘线控集成控制架构是利用一个整车控制器来整合底盘线控转向、驱动、制动、悬架四个子系统的信息，最终实现整车控制。目前，智能网联汽车底盘线控系统中各个子系统缺乏与其他系统之间的信息互通，当整车控制器控制多个子系统时，彼此缺乏协调，容易产生冲突和干扰。智能网联汽车最终要实现车、路、行人和云平台之间的互通，整车控制器整合车辆的所有信息，对智能网联汽车的安全性和操纵稳定性等非常重要。

3. 底盘线控容错控制方法

智能网联汽车底盘线控多采用容错控制的方式。容错控制是智能网联汽车底盘线控必不可少的控制策略，合理准确的容错控制可以保证智能网联汽车底盘线控系统的可靠性，使其满足车辆的应用要求。智能网联汽车底盘线控系统的容错控制以冗余控制为主，一般采用硬件冗余或者软件冗余实现。能够在系统出现故障时及时对故障做出诊断，同时采用合理的控制措施修复或弥补故障，是容错控制有效与否的重要依据。

为了保证智能网联汽车中的自动驾驶安全性，有些公司采取多冗余措施。对执行器、控制单元、传感器和电池等都设置冗余系统。例如，博世公司在面对安全要求较高的制动系统时，设立了两套完全独立的制动执行器，各自有单独执行的制动功能，除了执行器之外，对执行命令的电控单元也设置了冗余，一旦某个网络故障，另一个网络立刻接替传递信息。此外，感知系统也设置备份，以避免由于一个传感器失效导致整个系统失效。

智能网联汽车底盘线控系统没有传统车辆底盘中的机械连接部件及液压装置，信息传递完全依靠电信号，没有独立的后备执行系统，这对智能网联汽车底盘系统的容错控制提出了更高的要求。现在车辆一般采用 CAN 总线作为通信系统，但 CAN 总线有时不能完全满足容错的要求，为了提高通信速度与安全性，目前有些公司也利用 C 类时间触发协议、FlexRay、时间触发 CAN 总线等开发新的更安全的通信协议。

智能网联汽车底盘线控技术是高精度汽车电子控制技术，其对控制策略要求更高，四个底盘线控子系统的高度配合最终可达到全矢量单独车轮控制。智能网联汽车底盘线控使车辆更加安全、可靠、便捷，智能网联汽车底盘线控系统的控制及集成化成为各大汽车公司研究的热点，底盘线控的集成化势必成为发展趋势，但是目前底盘线控的控制策略与通信协议还不能达到智能网联汽车的要求,智能网联汽车底盘线控系统的控制研究仍任重而道远。

> **小贴示**:自主创新是民族工业崛起的必经之路。从中华人民共和国成立开始,我国汽车工业经历了自力更生的创建阶段、艰苦奋斗的成长阶段和自主创新的发展阶段。现在,智能网联汽车底盘线控零部件实现了100%的国产化。我国的汽车市场、生产企业和产品已经开始参与国际竞争。

【技能训练】

一、线控转向系统的认知

1)未举升车辆之前,在车辆上找到转向盘,说出该转向盘的作用,并记录其所在位置	 转向盘的实车位置
2)未举升车辆之前,拆下防护罩,在车辆上找到转角传感器和转矩传感器,分别说出传感器的作用,并记录其所在位置	 转角传感器和转矩传感器位置
3)未举升车辆之前,拆下防护罩,在车辆上找到转向控制器(ECU),说出其作用,并记录其所在位置	 转向控制器位置
4)未举升车辆之前,拆下防护罩,在车辆上找到路感电机,说出其作用,并记录其所在位置	 路感电机位置

（续）

5）举升车辆后，拆下下护板，在车辆上找到转向电机和转向器，说出其作用，并记录其所在位置	 转向器位置

二、线控驱动系统的认知

1）未举升车辆之前，打开发动机舱盖，在车辆上找到 MCU，说出 MCU 的作用，并记录其所在位置	 MCU 位置
2）未举升车辆之前，在车辆驾驶室内，驾驶人一侧找到加速踏板和加速踏板传感器位置，说出传感器的作用，并记录其所在位置	 加速踏板和加速踏板传感器位置
3）未举升车辆之前，在车辆驾驶室内，驾驶人一侧找到档位选择器，说出档位选择器的作用，并记录其所在位置	 档位选择器位置
4）举升车辆后，拆下底盘防护罩，在车辆上找到驱动电机，说出该驱动电机的作用，并记录其所在位置	 驱动电机位置

项目一 走进智能网联汽车底盘线控系统

> **小贴示**：养成绿色低碳环保意识。电机作为电能与机械能之间的转换装置，电机实则蕴涵着节能降碳、绿色发展的奥秘。电机目前已经成为人类生产生活中最重要的动力设备，应用广泛，耗电量超过全社会用电总量的 60%。在国家持续推进节能减排的背景下，助力碳中和，实现节能减排，我国电机正向节能低碳方向快速发展。

三、线控制动系统和悬架系统的认知

1）未举升车辆之前，在车辆驾驶室内，驾驶人一侧找到制动踏板，说出其作用，并记录其所在位置	 制动踏板位置
2）未举升车辆之前，打开发动机舱盖，在车辆上找到集成式电液线控制动系统，说出其作用，并记录其所在位置	 集成式电液线控制动系统位置
3）举升车辆后，拆下车轮，在车辆上找到制动器总成，说出其作用，并记录其所在位置	 制动器总成位置
4）举升车辆后，拆下底盘防护罩，在车辆上找到制动管路，说出其作用，并记录其所在位置	 制动管路位置

（续）

5）举升车辆后，在车辆上找到悬架系统和线性电磁电机，说出其作用，并记录其所在位置	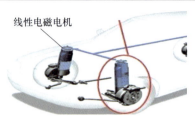 悬架系统位置
6）在车辆驾驶室内，驾驶人一侧找到线控悬架控制单元，说出其作用，并记录其所在位置	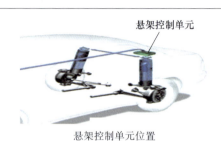 悬架控制单元位置

【课后习题】

1. 线控制动系统主要由（　　）、传感器、ECU 及执行器等构成。
   A. 制动踏板　　　　　　　　B. 加速踏板
   C. 离合器　　　　　　　　　D. 驻车制动器
2. 线控驱动系统主要由（　　）、踏板位移传感器、档位选择单元、MCU 和驱动电机等组成。
   A. 制动踏板　　　　　　　　B. 加速踏板
   C. 离合器　　　　　　　　　D. 驻车制动器
3. 底盘线控系统上主要的控制单元包括（　　）、制动系统 ECU 和驱动电机控制单元。
   A. 转向系统 ECU　　　　　　B. 整车控制器
   C. 计算平台　　　　　　　　D. 智能座舱系统

任务二　底盘线控系统检修工具设备的使用

【任务导入】

一辆智能网联汽车因故障需返厂维修，经过车厂技术人员检查，发现前向制动系统无法正常工作，需要对制动系统线路进行检测。作为底盘线控系统装调人员，请你根据所学习的底盘线控系统的基础知识，完成该车底盘线控制动系统的检测工作。

项目一　走进智能网联汽车底盘线控系统

【任务目标】

素养目标	知识目标	能力目标
1. 养成独立思考、处理和分析问题的能力 2. 培养持之以恒、精益求精的工匠精神 3. 养成善于思考、深入研究等良好的自主学习习惯	1. 掌握检测工具的功能 2. 熟悉检测工具的技术参数	1. 能够熟练使用检测工具对智能传感器进行调试 2. 能够熟练使用检测工具对智能传感器进行检测 3. 能够正确读取及分析检测工具及仪器设备的数据

【知识准备】

一、数字万用表

1. 万用表的功能

万用表除了可以检测电压、电阻和电流等参数外，有的还可以检测转速、闭合角、频宽比（占空比）、频率、压力、时间、电容、电感、温度和半导体元件等。

1）测量交、直流电压。考虑到电压的允许变动范围及可能产生的过载，汽车万用表应能测量大于40V的电压值，但测量范围也不能过大，否则，读数的精度下降。

2）测量电阻。汽车万用表应能测量1MΩ的电阻，测量范围大一些使用起来较方便。

3）测量电流。汽车万用表应能测量大于10A的电流，测量范围再小则使用不方便。

4）测量二极管的性能。

5）测量大电流。配置电流传感器（霍尔式电流传感器）后，可以测量大电流。

6）测量温度。配置温度传感器后，可以检测冷却液温度、尾气温度和进气温度等。

目前，国内生产的万用表大部分具有上述功能。有些汽车万用表，除了具有上述基本功能外，还有一些扩展功能。

2. 万用表的基本结构

万用表主要由数字及模拟量显示屏、功能按钮、测试项目选择开关、温度测量座孔、公用座孔、搭铁座孔、电流测量座孔等构成，如图1-6所示。

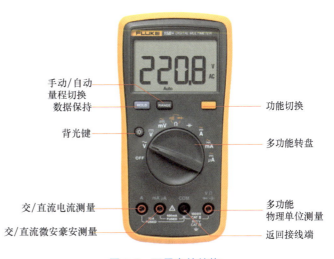

图1-6　万用表的结构

二、数字示波器

1. 数字示波器的作用

数字示波器是智能网联汽车车载传感器、控制器、执行器调试、测试中常用的测量仪器。数字示波器可以对连续信号进行片断式的采集；将采集到的模拟电压信号转换变为数字信号记录下来，再通过显示屏将其重现；将肉眼无法识别的电子信号转换成可观测的波形图形；通过调节 X 轴上的时间间隔、Y 轴上的幅值来观测各种物理参数的变化。数字示波器的结构如图 1-7 所示。

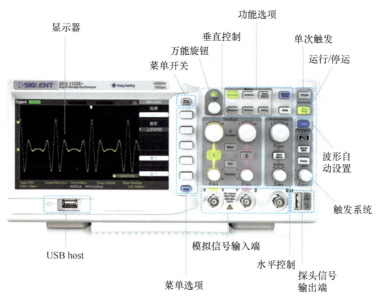

图 1-7 数字示波器的结构

2. 示波器常用术语

1）幅值比例。垂直方向每格高度代表的信号数值。
2）时基（Time Base）。每格水平长度代表的时间值。
3）触发电平（Trigger Level）。示波器触发采集时的起始幅值。
4）触发源。示波器的触发通道信号，如通道 1（CH1）、通道 2（CH2）。
5）触发沿。示波器显示时的波形上升沿或下降沿。
6）自动触发（Auto Trigger）。示波器根据信号特点自动设置触发条件。

3. 示波器的调整

（1）垂直 Y 轴幅值比例调节　纵坐标控制系统调节电压轨迹在 Y 轴上的显示，选择电压档位调整开关，Y 轴位移旋钮调节幅值。

（2）水平 X 轴时基调整　示波器显示屏横坐标控制系统可调整时基，时基的选择决定重复性信号在显示屏上显示的频数。

（3）调整触发　当触发调节不当时，显示的波形将出现不稳定现象。所谓波形不稳定，是指波形左右移动不能停止在屏幕上，或者出现多个波形交织在一起，无法清楚地显示和锁定波形。

（4）校准信号的使用 提供一个频率为1kHz、电压为3V的校准信号，用于检查示波器自身的测量是否准确；可以检查输入探头是否完好；当使用比较法测量其他信号时，可作为标准提供参考信号。

三、CAN总线分析仪

CAN总线分析仪一般是为工业控制、实时通信、汽车电控设备开发、工业品开发等领域所应用，适用于符合ISO11898标准及CAN2.0A、CAN2.0B协议规范。

1. 硬件连接

CAN总线分析仪的结构如图1-8所示，有CAN1和CAN2两个接入端口，每个端口有CAN-H、CAN-L和P（G）三个端子，另有一个终端电阻选择按钮。USBCAN-Ⅱ Pro接口卡与PC机的连接方式有两种。

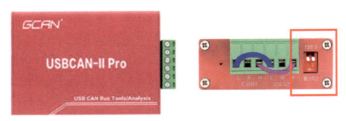

图1-8 CAN总线分析仪的结构

1）总线分析仪供电模式。通过随机附带的USB电缆直接连接PC的USB接口，由PC的USB接口向USBCAN-Ⅱ Pro接口卡提供+5V电源。

2）CAN总线分析仪的连接。USBCAN-Ⅱ Pro需要接入CAN总线，图1-8中CAN1（或CAN2）的H、L接线端子分别与CAN-H、CAN-L连接，即可建立通信。CAN-bus网络采用直线拓扑结构，总线最远的两个终端需要接入120Ω的终端电阻。节点数目大于2，中间节点不需要安装120Ω的终端电阻，对于分支连接，其长度不应超过3m。

3）CAN总线终端电阻的设置。接入终端电阻的作用是为了增强CAN通信的可靠性，消除CAN总线终端信号反射干扰，CAN总线网络最远的两个端点通常要加入终端匹配电阻。终端电阻阻值是由传输电缆的特性阻抗所决定的。例如，双绞线的特性阻抗为120Ω，则总线上的两个端点也应集成120Ω终端电阻。USBCAN-Ⅱ Pro接口卡采用82C251收发器，如果网络上其他节点使用不同的收发器，则终端电阻须另外计算。

4）系统状态指示灯（根据灯态判断与设备连接状态）。USBCAN-Ⅱ Pro接口卡有1个PWR指示灯、1个SYS指示灯、1个CAN1指示灯、1个CAN2指示灯，来指示设备的运行状态，如图1-9所示。USBCAN-Ⅱ Pro接口卡上电后，四个指示灯同时点亮，之后PWR指示灯和SYS指示灯常亮，但CAN1指示灯和CAN2指示灯不亮，表明设备已经供电，系统完成初始化；否则，表示存在系统电源故障或其他故障。

USB接口连接正常后，当PC端有上位机软件调用USBCAN设备时，USB信号指示灯SYS会闪烁。此时，当CAN1或CAN2有数据收发时，对应的CAN1、CAN2指示灯会有闪烁。若SYS闪烁，但CAN1或CAN2指示灯不亮，说明CAN通道无数据，应检查接线、通信波特率、匹配电阻等是否正确。

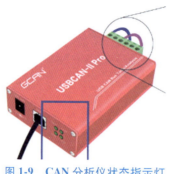

图 1-9　CAN 分析仪状态指示灯　　　　CAN 调试软件使用

2. ECANTools 软件的使用方法

ECANTools 软件自带的调试软件，USB 转 CAN 卡配合该软件可以快速进行 CAN 总线数据收发，实现 PC 到 CAN2.0A 和 CAN2.0B 协议的总线（包括标准帧、扩展帧、数据帧、远程帧）的双向通信，其发送界面有普通发送模式和列表发送模式。

1）普通发送模式。普通发送模式非常直观，所有设置选项均在主界面中可直接设置。

2）列表发送模式。CAN 帧添加到发送列表中；可同时发送多条不同的报文；可循环发送，列表可保存到本地并可加载；适用于 CAN 卡同时调试多个 CAN 节点，或需要按时序发送数据。

3）波特率自动识别。ECANTools 软件可以自动识别总线波特率。识别波特率分为标准波特率识别和全范围波特率识别两种模式。

【技能训练】

一、汽车数字万用表的使用

说明	图示
1）交流电压的测量。将档位转换开关有黑线的一端拨至"V AC"档位，红表笔插入"V/Ω"插口，黑表笔插入"COM"插口，表笔接触测量点，显示屏上便出现测量值（量程自适应）	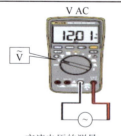 交流电压的测量
2）直流电压的测量。将档位转换开关拨至"V DC"档位，表笔接法同交流电压测量，其测量方法与测交流电压相同。在测量毫伏级交/直流电压时，将档位转换开关拨至 mVAC/DC 档位，按功能切换键可切换直流和交流电压测量模式即可测量	 直流电压的测量

项目一　走进智能网联汽车底盘线控系统

（续）

3）电流的测量。被测交流或直流电流小于400mA时，将档位转换开关拨至"mA"档位，红表笔插入"mA/μA"插口，黑表笔插入"COM"插口，将两表笔串联接入被测量电路测量点，接通电路即可显示读数（量程自适应）。被测电流大于400mA时，红表笔应换至"10A"插口，黑表笔插入"COM"插口，其测量方法同上，显示值以"A"为单位	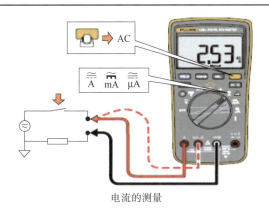 电流的测量
4）电阻的测量。将档位转换开关拨至"Ω"档位，红表笔插入"V/Ω"插口，黑表笔插入"COM"插口，按功能切换键可切换至电阻档模式即可进行测量（其量程自适应选择）	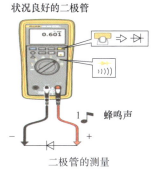 电阻的测量
5）二极管的测量。将档位转换开关拨至二极管档位，红表笔插入"V/Ω"，黑表笔插入"COM"，将红色表笔接到待测二极管的正极，黑色表笔接到负极，读取显示屏上的正向偏压，如测量表笔极性与二极管极性相反，显示读数为OL，则可以区分二极管的正极和负极	状况良好的二极管 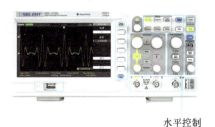 二极管的测量

二、数字示波器的使用

1）水平控制（见水平控制功能键）。水平位置，修改波形显示的水平位置；水平档位，修改水平时基档位

水平控制

（续）

2）垂直控制（见垂直控制功能键）。垂直位置，修改对应通道波形的垂直位移；垂直电压档位，修改当前通道的垂直档位；按下"Math"键，打开波形运算菜单；按下"Ref"键，打开波形参考功能	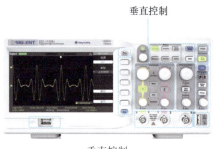 垂直控制
3）触发控制。按下"Setup"键，打开触发功能菜单，按下"Auto"键，切换触发自动模式，按下"Normal"键，切换触发正常模式，按下"Single"键，切换触发单次模式，设置为触发电平	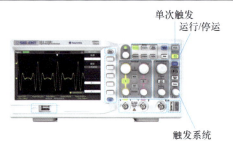 触发控制
4）运行控制。按下"Auto Setup"键，开启波形自动功能，按下"Run/Stop"键，可将示波器的运行状态设置为"运行"或"停止"	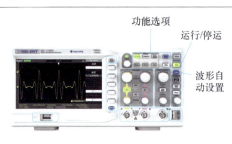 运行控制
5）波形测量。连接：将探头探针的一端接被测信号，鳄鱼夹接信号地；自动测量：通过示波器的Auto setup按键，快速、自动地获取波形；手动测量：选择合适的档位，调节垂直档位和时基档位来调整波形的大小，位置旋钮调节波形在屏幕水平方向的位置，调节level电平在波形范围内的位置，满足此触发电平的波形会显示在示波器屏幕上	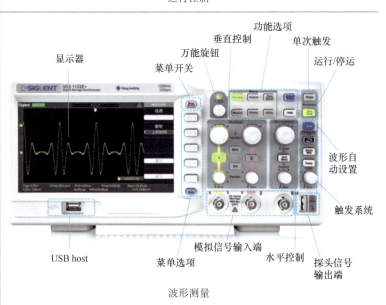 波形测量

18

三、CAN 总线分析仪的使用

1）数据转发。可将某一通道接收到的 CAN 数据发送回当前总线或通过另一条通道发送出去，转发功能支持数据过滤。用户可以灵活地将滤波功能与转发功能一起使用，将双通道 USBCAN 设备作为连接两条 CAN 总线的网关，只将想要的数据转发过去	 数据转发
2）智能多段滤波。不再需要计算复杂的屏蔽码和验证码，只需简单地设置你需要过滤显示的 ID 或 ID 段即可对应接收；如设置接收 ID 从 100~200，那么只需在滤波设置界面输入 100~200，则系统只接收 100~200ID 的数据；滤波段可设置多个，并可同时使用	 智能多段滤波
3）总线监听模式。可设置 USB 转 CAN 卡只听模式；设备只是接收 CAN 总线上的数据，不向总线发送回应数据包；适合于在正在运行的 CAN 总线系统中截获总线数据进行分析	 总线监听模式
4）实时数据统计显示。可按统计规则，将接收到的数据实时分类显示；可将相同的帧合并到一起显示；数据分析和处理	实时数据统计显示

【课后习题】

1. 数字万用表可以测量流过电阻的（　　　）、电阻两端的（　　　）及电阻值。

A. 电流、电压　　　B. 电压、电流　　　C. 电阻、电压　　　D. 电流、电阻
2. 万用表的种类有（　　）和数字万用表，使用最多的是数字万用表。
A. 电感万用表　　　B. 电压万用表　　　C. 电流万用表　　　D. 指针式万用表
3. 电压的单位是（　　），单位符号是（　　）。
A. 欧姆、Ω　　　　B. 伏特、V　　　　C. 安培、A　　　　D. 压强、Pa
4. 电流的单位是（　　），单位符号是（　　）。
A. 欧姆、Ω　　　　B. 伏特、V　　　　C. 安培、A　　　　D. 压强、Pa

【项目拓展】

底盘线控技术发展的驱动力

政策端、需求端、供给端共同促进底盘线控技术的发展。顶层设计推动底盘线控技术发展，十四五规划等明确指出要加快研发底盘线控和智能终端等关键部件；用户对安全、舒适和个性化需求升级，底盘线控技术可实现更高效的响应速度和更舒适的消费者体验；车企具备降成本、缩短开发周期和布局智能驾驶的内在驱动力，加速布局底盘线控技术领域。

1. 底盘线控技术是实现电动化、智能化的关键

我国新能源汽车、智能网联汽车长期导向政策明显。近年来，政策端对新能源、智能网联的推动作用凸显，底盘线控进入快速增长期。工业和信息化部发布的《车联网（智能网联汽车）产业发展行动计划》强调要加快推动高性能车辆智能驱动、线控制动、线控转向、电子稳定系统的开发和产业化，重点突破车辆平台、线控等核心技术。国务院办公厅发布《中华人民共和国国民经济和社会发展第十四个五年规划和2035年远景目标纲要》明确指出要加快研发智能（网联）汽车基础技术平台及软硬件系统、智能线控底盘和智能终端等关键部件。

2. 更安全、更舒适、更个性三重需求引领底盘领域变革

消费者对安全、舒适和个性化需求升级，线控底盘可实现更高效的响应速度和更舒适的消费者体验。安全：通过线控底盘实现更快速、高效的响应，进一步降低失效概率，通过多重冗余提高安全等级。舒适：通过线控悬架和动态阻尼控制实现车身的主动控制，实现全场景的智能驾驶，提供更舒适的驾乘体验；通过底盘域多系统协调，实现更精准的车辆控制，提升驾乘舒适性。个性化：底盘域智能网联技术为个性化服务赋能。通过大数据、云计算、人工智能等数字技术助力汽车底盘转型升级，通过OTA实现个性化、定制化设定等的功能。

3. 车企具备降成本、升级智能驾驶的内在驱动力，加速底盘线控技术布局

当前，汽车行业处于深刻变革期，其中，软硬件解耦是实现智能化的必要条件。车企推动线控底盘技术的发展，可以实现降低供应商转换成本以及溢价能力提升下的采购成本，同时可以大幅缩短开发周期和布局智能驾驶。降低总成本：通过底盘域各系统集成，实现模块化甚至一体化的开发，减少零部件数量，开发的线控底盘能够适配不同车型，有效降低开发总成本。同时，软硬件解耦可以有效助力车企降低采购成本和供应商转换成本。缩短开发周期：基于模块化、一体化平台，可以实现开发周期的大幅缩短，提高更新迭代速度，从而能

够快速响应客户需求，提升车型竞争力。布局智能驾驶：底盘系统快速响应、精确执行是智能驾驶级别提升的前提条件，布局线控底盘有助于车企提升智驾能力。

【项目小结】

1. 知识小结

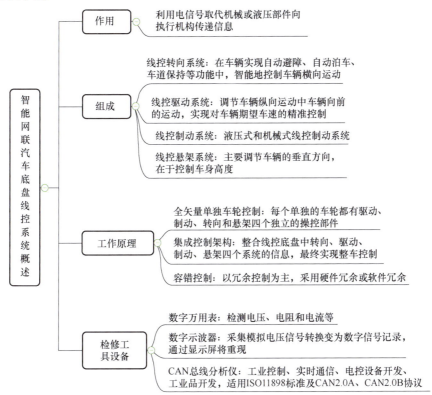

2. 技能小结

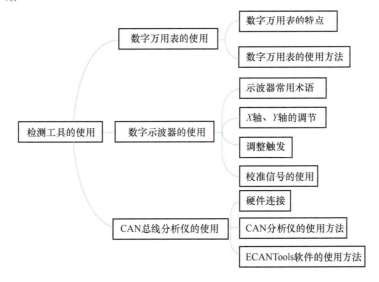

【主题探究】

　　自主创新是我国科技发展路径的重大战略选择，对于我国经济发展和国家安全具有重要战略意义。党的二十大报告指出，"必须坚持科技是第一生产力、人才是第一资源、创新是第一动力，深入实施科教兴国战略、人才强国战略、创新驱动发展战略，开辟发展新领域新赛道，不断塑造发展新动能新优势"。自主创新已形成具有全球竞争力的新生态。

　　我国汽车工业从无到有，到参与国际竞争，无不彰显自主创新的重要作用。你知道我国汽车产业在哪些关键技术上进行了自主创新？这些创新又对智能网联汽车产业发展产生了哪些深远影响？查阅有关资料，就这些问题与同学进行讨论、交流和探究。

项目二

智能网联汽车线控驱动系统装调与检修

 【项目描述】

  20世纪70年代，线控驱动系统的技术研究工作正式启动，20世纪80年代开始有产品问世，现在相关技术已趋于成熟。近10年来，线控驱动系统的系列化产品应用于各种品牌的中高档轿车。原来驱动系统是由机械传递驾驶人踩加速踏板的动作，而线控驱动系统变成由电信号精确传递驾驶人动作，且兼顾提高了动力性、经济性、操纵稳定性和乘坐舒适性。在智能网联汽车中，可将线控驱动系统通过整车控制器与计算平台结合起来，通过计算平台替代驾驶人（踩加速踏板、操作换档机构等）向汽车发送行驶意图。例如，当环境感知传感器检测到前方交通信号灯由红变绿时，环境感知传感器将交通信号灯为绿灯信号发送给计算平台，计算平台经分析后，向整车控制器发送请求执行起步信号，整车控制器将信号再次处理后，发送给线控驱动系统，线控驱动系统可避免因驾驶人反应时间引起的起步滞后，根据命令实现汽车的自动起步。线控驱动系统除了可以实现自动起步外，还可以实现自动跟车行驶、停车时自动切换到驻车档等，根据车况及时智能地做出相应处理。

 【知识脉络图】

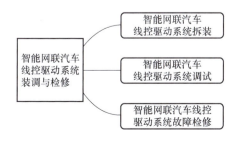

任务一　智能网联汽车线控驱动系统拆装

【任务导入】

一辆智能网联汽车，因驱动系统故障需到厂家维修。如果你是底盘线控系统装配或调试人员，根据本任务所学的线控驱动系统组成与工作原理，按要求自主完成线控驱动系统中驱动电机的结构原理记录与驱动系统的安装调试工作。

【任务目标】

素养目标	知识目标	能力目标
1. 养成良好的行为规范和职业道德 2. 培养良好的团队意识及沟通交流能力 3. 养成善于思考、深入研究等良好的自主学习习惯，并培养创新精神	1. 了解线控驱动系统的功能 2. 掌握线控驱动系统的结构与工作原理 3. 了解线控驱动系统典型车型应用	1. 能够制订底盘线控驱动系统拆装计划 2. 能够正确使用底盘线控驱动系统拆装工具 3. 能够独立拆装底盘线控驱动系统零部件

【知识准备】

一、线控驱动系统的概述

1. 线控驱动系统的定义

线控驱动系统是智能网联汽车实现的必要关键技术，为智能网联汽车实现自主行驶提供了良好的硬件基础；智能网联汽车的线控驱动系统用于实现车速控制；线控驱动系统可以使汽车更为便捷地实现定速巡航和自适应巡航等功能。

2. 线控驱动系统的分类

目前，智能网联汽车的线控驱动系统分为传统（燃油）汽车线控驱动和电动汽车线控驱动两种类型。

在燃油汽车中，线控驱动系统也称为线控节气门或者电控节气门（Throttle by Wire）。发动机通过线束代替拉索或者拉杆，在节气门侧安装驱动电机带动节气门改变开度，根据汽车的各种行驶信息，精确调节进入气缸的油气混合物，改善发动机的燃烧状况，大大提高汽车的动力性和经济性。

二、线控驱动系统的组成

1. 传统（燃油）汽车线控驱动系统的组成

传统汽车线控驱动系统主要包括线控加速系统和线控换档系统两大部分。线控加速系统是通过传感器来采集传送加速踩踏快慢与深浅的信号，从而实现踏板功能的电子控制，控制单元接收和解读此信号，然后再发出控制指令，控制行驶速度。线控换档系统主要由驾驶室内的变速杆和变速器内的变速机构组成。它的出现突破了传统变速杆必须放在中控部分与变速器硬连接的限制。

2. 电动汽车线控驱动系统的组成

电动汽车线控驱动系统主要由驱动电机、电机控制器（MCU）和整车控制器（VCU）组成，如图 2-1 所示。

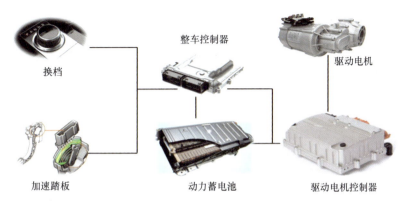

图 2-1　电动汽车线控驱动系统的组成

三、线控驱动系统的工作原理

1. 传统汽车线控驱动系统的工作原理

目前，传统汽车线控驱动系统的控制有两种技术路线，第一种是在加速踏板的位置增加一套执行机构，去模拟驾驶人踩加速踏板。同时，还要增加一套闭环负反馈控制系统，输入目标车速信号，实际车速作为反馈。通过控制系统计算，去控制执行机构具体动作。第二种是接管节气门控制单元加速踏板的位置信号，只需要增加一套控制系统，输入目标车速信号，把实际的车速作为反馈，最后控制系统计算输出加速踏板位置信号给节气门控制单元。

2. 电动汽车线控驱动系统的工作原理

由于电动汽车整车控制器的主要功能是通过接收车速信号、加速度信号以及加速踏板位移信号，实现转矩需求的计算，然后发送转矩指令给电机控制单元，进行电机转矩的控制，所以通过整车控制器的速度控制接口来实现线控驱动控制。为了保证车辆的安全转换，电动汽车线控驱动系统一般有人工驾驶和自动驾驶两种模式。

（1）人工驾驶模式　整车控制器通过接收变速杆（或按键、旋钮）信号、加速踏板传感器信号等，判断汽车的行驶方向和行驶速度，然后通过 CAN 总线发送给电机控制器，控制电机的转向和转速，并经机械传动装置驱动车轮使车辆行驶，如图 2-2 所示。

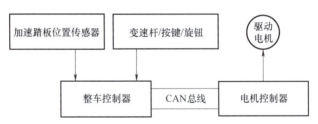

图 2-2　线控驱动系统人工驾驶模式原理图

（2）自动驾驶模式　各环境传感器信号发送给计算平台，计算平台由此判断汽车行驶方向和行驶速度等，通过 CAN 总线发送给整车控制器，整车控制器经计算后再通过 CAN 总线发送给电机控制器，控制电机的转向和转速，并经机械传动装置带动车轮使车辆行驶。其中，计算平台替代了驾驶人踩加速踏板、操纵变速杆（或按键、旋钮）等驾驶意图，实现自动驾驶，如图 2-3 所示。

图 2-3　线控驱动系统自动驾驶模式原理图

四、线控加速系统

1. 线控加速系统的组成

对于传统汽车而言，加速踏板的自动控制是实现线控驱动的关键，线控驱动系统主要是指线控加速系统，其主要由加速踏板、加速踏板位置传感器、电控单元（ECU）、数据总线、伺服电动机和加速踏板执行机构组成。

2. 线控加速系统的工作原理

线控加速系统根据行驶动力来源不同分为燃油汽车线控加速系统、纯电动汽车线控加速系统，智能网联汽车的最佳载体目前是纯电动汽车，本书只讲解纯电动汽车线控加速系统。

智能网联汽车（纯电动）线控加速系统，驱动系统能量由动力蓄电池提供，这时"油门"控制的是驱动电机的转矩和转速，它和计算平台、整车控制器、电机控制器等一同实现车辆的加减速，如图 2-4 所示，此时"线控油门"称为"线控加速踏板"更贴切。

纯电动汽车驾驶为智能网联汽车的人工驾驶，其整车控制器通过踏板位置传感器检测驾驶人驾驶意图，同样整车控制器向电机控制器发送踏板踩下度等信息，由电机控制器控制驱动电机的转矩和转速。智能网联汽车用自动驾驶模式时，计算平台通过周围环境信息融合计算出最佳行驶信息并发送给整车控制器，整车控制器向电机控制器发送踏板踩下度等信息，电机控制器控制驱动电机的转矩和转速。

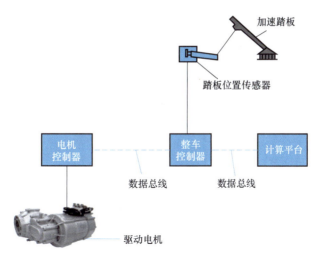

图 2-4 智能网联汽车线控加速系统的工作原理图

3. 线控加速系统的优缺点

（1）**线控加速系统的优点** 舒适性、经济性好。电子加速踏板能根据踩踏板的动作幅度细节来判断驾驶人的意图，综合车况精确合理地控制执行器，提高汽车的经济性和驾驶舒适性能。稳定性高。线控加速系统在收到踏板信号后会进行分析判断，再给执行单元发送合适指令保证车辆稳定行驶。

（2）**线控加速系统的缺点** 成本较高，工作原理相对较为复杂。与传统加速踏板相比，硬件上需要添加加速踏板位置传感器，并且增加 ECU 接线；软件上需要开发分析位置传感器信号，并且综合车况给出最优控制指令的算法，增加了开发成本。

五、线控换档系统

1. 线控换档系统的定义

汽车换档器通常是机械变速杆。驾驶人操作变速杆，通过一根换档拉索带动变速器的换档摇臂动作，实现 P/R/N/D 位切换。现有的车辆换档装置由换档操纵机构、换档拉索和自动变速器三部分组成，结构较复杂。换档操纵机构的体积及质量较大，仪表台的空间布置受到很大限制，更会影响内饰的美观性。

线控换档系统是实现智能驾驶的核心部件，它省去传统机械式结构，换档器体积小、布置灵活；还可以实现电控换档，为辅助驾驶和自动驾驶奠定基础。线控换档系统取消了换档拉索，整个系统变得更轻、更小、更智能，能判断出驾驶人的换档错误操作，避免对变速器造成损伤，从而更好地保护变速器并且能纠正驾驶人的不良换档操作习惯。

目前，市场上主要的线控换档器操纵机构形式有按键式、旋钮式、换档式和档杆式四种，如图 2-5 所示。这些新型线控换档器的出现，相较于传统机械换档器更安全、更智能，更易体现科技豪华感，线控换档技术未来将会是国内外主流车型的标准配置。

2. 线控换档系统的组成

线控换档系统由换档选择模块、换档电控单元、换档执行单元、驻车控制电控单元、驻车执行机构和档位指示灯等组成。

a) 旋钮式　　　　　　b) 按键式　　　　　　c) 换档式　　　　　　d) 档杆式

图 2-5　线控换档器的分类

3. 线控换档系统的工作原理

当选用人工驾驶模式时，驾驶人通过操纵杆的传感器将换档信号传递给电控单元，电控单元处理信号后将指令发送给换档电机，实现前进档、倒车档、空档和驻车档的转换。

当选用自动驾驶模式时，驾驶人操纵换档选择模块的人工驾驶操作，将变为汽车自动判断所需档位并进行自动换档的自动驾驶操作，实现前进档、倒车档、空档和驻车档的转换。

4. 线控换档系统的优缺点

（1）线控换档系统的优点　重量更轻，有利于轻量化；体积更小，节省储物空间；布置位置灵活，形式多变，科技感十足，可提高品牌竞争力；便于集成附加功能，如 APA 全自动泊车、自动 P 位请求、实现手动/自动换档模式、驾驶人安全带保护、车门打开安全保护，有助于实现整车防盗功能、多重硬线唤醒功能、驾驶习惯学习功能等；能更好地保护变速器，并且纠正驾驶人的不良换档操作习惯。

（2）线控换档系统的缺点　过于依赖电信号，如果遇到电路短路时，就无法使用电子档杆。而且，电子档杆的换档不会很清晰，电子档杆在每次挂档完成后都会回位，有时会操作失误。

六、线控驱动电机及控制器

1. 驱动电机

驱动电机可以将电能转换为机械能，是线控驱动系统中的核心部件。智能网联汽车主要以纯电动汽车为主，常见的驱动电机有直流电机、交流异步电动机、永磁同步电机和开关磁阻电机。在各类驱动电机中，永磁同步电机具有高效、高控制精度、高转矩密度、良好的转矩平稳性及低振动噪声等特点，在纯电动汽车中永磁同步电机应用更为广泛。

（1）永磁同步电机　永磁是指在制造电机转子时加入永磁体，使电机的性能得到进一步的提升。同步是指转子的转速与定子绕组的电流频率始终保持一致。因此，通过控制电机的定子绕组输入电流频率，电动汽车的车速可以被完全控制。由于永磁体的磁性是固定的，在定子中产生的旋转磁场会带动永磁体旋转，最终达到同一转速，即"同步"。

永磁同步电机的结构主要由机座、转子、定子、电机温度传感器和前后端盖等组成，如图 2-6 所示。

定子绕组中通入三相电流，在通入电流后就会在电机的定子绕组中形成旋转磁场，由于在转子上安装了永磁体，永磁体的磁极是固定的，根据磁极的同性相斥异性相吸的原理，在定子中产生的旋转磁场会带动转子进行旋转，最终达到转子的旋转速度与定子中旋转磁极的旋转速度相等。

图 2-6 永磁同步电机的结构

（2）开关磁阻电机 开关磁阻电机驱动系统是高性能机电一体化系统，主要由开关磁阻电机、功率转换器、传感器和控制器四部分组成，如图 2-7 所示。相比其他类型的驱动电机而言，它的结构最为简单。定子、转子均为普通硅钢片叠压而成的双凸极结构，转子上没有绕组，定子装有简单的集中绕组，具有结构简单坚固、可靠性高、重量轻、成本低、效率高、温升低、易于维修等优点。缺点是控制系统的设计相对复杂，在实际运转中，尤其是负载运行的工况，电机本身发出的噪声及振动较大。

2. 电机控制器

电机控制器是连接动力蓄电池与驱动电机的电能转换单元，是驱动电机及控制系统的核心，其结构如图 2-8 所示。根据 GB/T 18488-2024《电动汽车用驱动电机系统 第1部分：技术条件》对电机控制器的定义，电机控制器就是控制动力电源与驱动电机之间能量传输的装置，由控制信号接口电路、驱动电机控制电路和驱动电路组成。

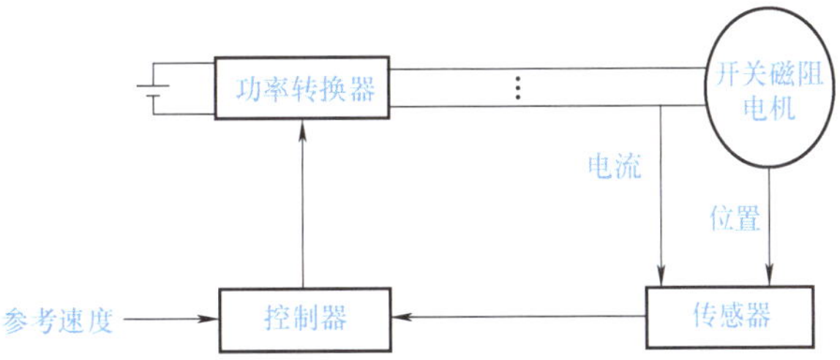

图 2-7 开关磁阻电机驱动系统结构图

控制模块包括硬件电路和相应的控制软件。硬件电路主要包括处理器保护系统、状态监测电路、硬件保护电路、数据通信电路。控制软件根据不同类型电机的特点，实现相应的控制算法。

驱动器微控制器对电机的控制信号转换为驱动功率变换器的驱动信号，并实现功率信号和控制信号的隔离。

图 2-8 电机控制器的结构

功率变换模块对电机电流进行控制。电动汽车经常使用的功率器件有大功率晶体管、门极可关断晶闸管、功率场效应管、绝缘栅双极晶体管以及智能功率模块等。

电机驱动汽车前行，而电机控制器驱动电机工作。控制器接收电机转速等信号，并反馈到仪表上，当发生制动或者加速行为时，控制器控制变频器频率的升降，从而达到加速或者减速的目的。

【技能训练】

一、线控驱动系统主要零部件的组装

1）将滑动拨叉安装至加速踏板总成支架上。安装加速踏板位置传感器，并安装固定螺栓，按规定转矩拧紧	 安装加速踏板滑动拨叉
2）将整车控制器电路板准确放入上壳体安装位置。安装下壳体，并紧固固定螺栓，按规定转矩拧紧	 安装整车控制器电路板
3）将 IGBT 电路板安装到驱动电机下壳体内	 安装 IGBT 电路板
4）安装电机控制器输出 U/V/W 三相交流电接线柱，安装接线柱绝缘固定螺栓，并按规定力矩拧紧。安装主控制电路板的下支撑固定螺栓	 安装接线柱绝缘固定螺栓

(续)

5)安装电机主控制电路板。将电机主控制主正的高压接线柱连接至控制电路板上,安装绝缘固定螺栓	 安装电机主控制电路板
6)安装主控制电路板固定螺栓。将电机控制器低压线束穿过装配孔,并使用扳手紧固线束固定螺栓	 安装主控制电路板固定螺栓
7)参照电路图或生产手册将所有插接器连接至电路板上。安装电机控制器上端盖,并安装紧固所有螺栓	 连接插接器至电路板
8)安装电机控制器输出和输入高压接线柱的密封绝缘胶圈	 安装密封绝缘胶圈

二、线控驱动系统的拆装

1)断开蓄电池负极,然后等待2min	 断开蓄电池负极

(续)

2）拆卸驱动电机控制器所有低压线束插接器，低压插接器线束包括CAN线、起动使能信号、制动信号、电机温度信号等 注意：电机控制器外接有多个插接器，为了防止误插接或漏插接，造成人为的安全事故，拆卸时，需要做好标签	 拆卸驱动电机控制器所有低压线束插接器	
3）拆卸驱动电机控制器输入高压线束（主正、主负），DC/DC变换器的高压线束同电机控制器共用，高压线束在电机控制器上外接至DC/DC变换器	 拆卸驱动电机控制器输入高压线束（主正、主负）	
4）拆卸驱动电机控制器输出高压线束U/V/W，先拆卸W相线束，再拆卸V相线束，接着分离U相线束 拆卸驱动电机与驱动电机控制器之间的高低压线束，先拆卸低压插接器，后拆卸高压插接器	 拆卸驱动电机控制器输出高压线束U/V/W	
5）拆卸驱动电机控制器固定螺栓，并将驱动电机控制器取下	 取下驱动电机控制器	
6）操作举升机举升车辆至合适位置，使用驱动电机举升设备，将其托盘升至接近驱动电机位置，拆卸驱动电机的固定螺栓，并将驱动电机取下	 拆卸驱动电机的固定螺栓	

7）线控驱动系统整车装复。按分解的相反顺序装复线控驱动系统各零件

> **小贴示**：精益求精的工匠精神就是要求从业者对每一道工序都要凝神聚力、追求极致。在拆装过程中，要时刻观察固定安装位置，防止因接触不良造成安全隐患。在实际生产中，应养成严谨细致、精益求精的工作作风。

【课后习题】

1. （　　）是通过传感器采集传送加速踩踏深浅与快慢的信号,从而实现踏板功能的电子控制,这个信号会被控制单元接收和解读,然后再发出控制指令,控制行驶速度。
   A. 线控加速系统　　B. 线控转向系统　　C. 线控驱动系统　　D. 线控制动系统

2. 智能网联汽车/纯电动汽车线控加速系统,驱动系统能量由（　　）提供,这时"油门"控制的是驱动电机的转矩和转速,它和计算平台、整车控制器、电机控制器等一同实现车辆的加减速。
   A. 汽油　　B. 线控转向电机　　C. 线控驱动电机　　D. 动力蓄电池

3. 智能网联汽车选用自动驾驶模式时,（　　）通过周围环境信息融合计算出最佳行驶信息并发送整车控制器,由整车控制器将向电机控制器发送踏板开合度等信息,电机控制器控制驱动电机的转矩和转速。
   A. 计算平台　　B. 激光雷达　　C. 毫米波雷达　　D. 摄像头

4. （　　）是实现智能驾驶的核心部件,其一方面省去传统机械式结构,换档器体积小、布置灵活;另一方面可实现电控换档,为辅助驾驶和自动驾驶奠定基础。
   A. 线控驱动系统　　B. 线控转向系统　　C. 线控制动系统　　D. 线控换档系统

任务二　智能网联汽车线控驱动系统调试

【任务导入】

某整车生产厂家正在生产一款智能网联汽车,其中,驱动系统机械部分已经安装调整完毕,你作为标定人员,需要完成加速踏板模块的电气性能检测,并依据通信协议对线控驱动部分进行安装与测试,并根据所学线控驱动系统调试的基本知识,完成CAN通信检测与报文测试。

【任务目标】

素养目标	知识目标	能力目标
1. 养成拆卸安装过程中良好的劳动习惯 2. 养成应用技术资料完成结构认知自学的职业能力 3. 能够通过实践项目养成团队协作意识	1. 掌握线控驱动系统的通信原理 2. 掌握线控驱动系统CAN报文含义 3. 掌握线控驱动系统CAN报文发送方法	1. 能够制订底盘线控驱动系统拆装计划 2. 能够将调试数据解析成CAN报文 3. 能够进行线控驱动调试

【知识准备】

智能网联汽车底盘线控系统安装完成后，为了保证其正常的运行，车辆需测试自动驾驶模式的驱动功能。测试人员操作调试软件下发驱动指令、驾驶模式等进行测试。在测试的同时，测试人员通过调试软件的显示界面，可分别查看到工作状态信号。如何通过调试软件对车载计算机平台下发驱动控制指令？又是如何查看其反馈信号？本任务将对这些内容进行学习。

线控驱动系统用于实现车速控制或自动加减速。基于电动汽车开发的智能网联汽车，其动力来源于动力蓄电池控制器（BMS）控制的动力蓄电池。人工驾驶模式时，通过上位机发送调试指令，为避免与整车控制器当前指令冲突，需断开整车控制器的 CAN 总线，但整车控制器的 CAN 总线断开会导致动力蓄电池控制器失去使能唤醒信号，或主正/负继电器不吸合等故障，造成动力蓄电池的高压电不向外输出，从而使线控驱动系统中的驱动电机控制器不工作，汽车无法行驶。在本书中，人工驾驶的调试不做实训内容，只介绍通信原理，实训内容通过自动驾驶模式进行调试，即线控系统联合调试。

一、线控驱动系统内部通信原理

在人工驾驶模式下，线控驱动系统的通信主要存在于整车控制器与电机控制器之间，包括整车控制器向电机控制器发送的驱动指令，及电机控制器向整车控制器发送的反馈信息（电机状态、电机控制器状态）。整车控制器与电机控制器之间的通信报文采用 Motorola 格式，波特率为 500kbit/s，帧格式为标准帧。

1. 整车控制器向电机控制器发送 CAN 报文协议分析

不同厂家整车控制器向电机控制器发送 CAN 报文的协议含义略有差别，报文协议通常见表 2-1，报文 ID 为 0x301，报文周期为 100ms，报文长度为 8 字节（Byte，十六进制），其中，每个字节由 8 个比特（bit，二进制）构成。

1) 首字节（Byte0）的主要功能是用来设置电机控制器使能信号和控制模式。该字节的 8 个比特设置成不同的功用，其中，第 1 个比特（bit0）用来设置电机控制器的工作使能状态，bit0 = 0 时，未触发工作使能信号，当 bit0 = 1 时，触发工作使能信号；第 2 个比特（bit1）用来设置电机控制器的放电使能状态，bit1 = 0 时，未触发放电使能信号，当 bit1 = 1 时，触发放电使能信号；第 3~4 个比特（bit2-bit3）用来设置电机控制器的控制模式，当 bit2-bit3 = 0 时，为转速控制模式，当 bit2-bit3 = 1 时，为转矩控制模式，当 bit2-bit3 = 2 时，为无效信号；其余 4 位为预留位，默认值都为 0。

2) 第 3~4 个字节（Byte2-Byte3）的功能是用来设置踏板开度，有效值为 0~1000，精度是 0.1%，物理量为 0~100%，如设置 60% 的踏板开度，先计算踏板有效值，即 60%÷0.1% = 600，转换成两字节的十六进制数为 0x0258，由于 Byte2 为低字节，Byte3 为高字节，则 Byte2 = 0x58，Byte3 = 0x02，则 Byte2-Byte3 = 0x5802。

3) 第 5~6 个字节（Byte4-Byte5）的功能是用来设置电机转速命令。MCU 根据接收的电机转速命令值，驱动电机工作到对应的电机转速，其中，电机转速命令值 = 踏板有效值×

2.7。如踏板有效值为 100，则电机转速命令值 = 100×2.7 = 270，换算成十六进制值为 0x010E，由于 Byte4 为低字节，Byte5 为高字节，则 Byte4 = 0x0E，Byte5 = 0x01，则 Byte4 - Byte5 = 0x0E01。

4）第 7 个字节（Byte6）用来设置档位。Byte6 = 0x00 时，表示挂入驻车档（P）；Byte6 = 0x01 时，表示挂入倒车档（R）；Byte6 = 0x02 时，表示挂入空档（N）；Byte6 = 0x03 时，表示挂入前进档（D）。

5）第 2 个字节（Byte1）和第 8 个字节（Byte7）为预留字节，默认 Byte1 = 0x00，Byte7 = 0x00。

表 2-1 VCU 向 MCU 发送 CAN 报文的协议（ID：0x301，周期：100ms）

字节		定义		格式
Byte0	bit0	MCU 工作使能		0——未使能，1——使能
	bit1	MCU 放电使能		0——未使能，1——使能
	bit2–bit3	控制模式		0——转速模式，1——转矩模式，2——无效
	bit4	预留		—
	bit5–bit7	预留		—
Byte1	bit0	预留		
	bit1–bit7			
Byte2		踏板开度	低字节	有效值：0~1000，精度为 0.1%，物理量为 0~100.0%
Byte3			高字节	
Byte4		电机转速命令	低字节	电机转速 = 加速踏板有效值×2.7
Byte5			高字节	
Byte6		档位状态		0——P 位（保留），1——倒档（R，反转），2——N 位，3——前进档（D，正转）
Byte7		预留		—

2. 电机控制器向整车控制器发送 CAN 报文协议分析

电机控制器向整车控制器发送 CAN 报文的协议 ID 有 3 个（0x310、0x311、0x312）。

(1) 电机控制器向整车控制器发送的报文（ID：0x310） 该报文主要反馈驱动电机的工作状态、控制器和电机温度、故障数和故障码等内容。报文周期为 200ms，报文长度 8 字节（Byte，十六进制），其中，每个字节由 8 个比特（bit，二进制）构成，帧格式为标准帧，报文协议见表 2-2。

① 第 1 个字节（Byte0）的主要功能是用来反馈当前驱动电机的状态。Byte0 = 0x01 时，表示驱动电机当前处于耗电状态；Byte0 = 0x02 时，表示驱动电机当前处于发电状态；Byte0 = 0x03 时，表示驱动电机当前处于关闭状态；Byte0 = 0x04，表示驱动电机当前处于准备状态；Byte0 = 0xFE 时，表示当前驱动电机异常；Byte0 = 0xFF 时，为无效信号。

② 第 2 个字节（Byte1）的主要功能是用来反馈当前驱动电机控制器的温度。有效范围为 0~250，数值偏移量为 -40，偏移后表示驱动电机控制器的温度范围为 -40~210℃。如 MCU 反馈的报文中 Byte1 = 0x64，换算成十进制值为 100，进行数值偏移计算后为 100-40 =

60，表示当前驱动电机控制器的温度为60℃。

③ 第3个字节（Byte2）的主要功能是用来反馈当前驱动电机的温度。有效值范围为0~250，数值偏移量为-40，偏移后表示驱动电机的温度范围为-40~210℃。如MCU反馈的报文中Byte2=0x32，换算成十进制值为50，进行数值偏移计算后为50-40=10，表示当前驱动电机的温度为10℃。

④ 第4个字节（Byte5）的主要功能是用来反馈当前驱动电机的故障数。数值范围为1~50，精度为1，偏移为0。如电机控制器反馈的报文中Byte5=0x03，换算成10进制值为3，表示当前驱动电机反馈的故障有3个。

⑤ 第5个字节（Byte6）的主要功能是用于反馈驱动电机故障码。0x01——U相软件过电流，0x02——V相软件过电流，0x03——W相软件过电流，0x04——硬件过电流，0x05——功率模块故障，0x06——母线过电流，0x07——母线过电压，0x08——母线欠电压，0x09——电机超速，0x0A——电机过载，0x0B——控制器过载，0x0C——电机过热，0x0D——控制器过热，0x0E——电机温度传感器故障，0x0F——控制器温度传感器故障，0x10——电机编码器故障，0x11——电机堵转故障，0x14——实时故障1，0x15——相电流传感器故障，0x16——母线电流传感器故障，0x17——电机失控，0x1C——转向信号故障，0x1D——通信故障，0x28——实时故障2，0x29——实时故障3。

⑥ Byte3、Byte4、Byte7都为预留字节，默认Byte3=0x00，Byte4=0x00，Byte7=0x00。

表2-2 电机控制器向整车控制器发送CAN报文的协议（一）（ID：0x310，周期：200ms）

字节	定义	格式
Byte0	驱动电机状态	0x01——耗电，0x02——发电，0x03——关闭状态，0x04——准备状态，0xFE——表示异常，0xFF——表示无效
Byte1	电机控制器温度	有效值：0~250（数值偏移量-40℃），物理值为-40~210℃
Byte2	驱动电机温度	有效值：0~250（数值偏移量-40℃），物理值为-40~210℃
Byte3	预留	—
Byte4	预留	—
Byte5	驱动电机故障总数	精度：1，偏移0，物理值为1~50
Byte6	驱动电机故障代码列表	0x01——U相软件过电流，0x02——V相软件过电流，0x03——W相软件过电流，0x04——硬件过电流，0x05——功率模块故障，0x06——母线过电流，0x07——母线过电压，0x08——母线欠电压，0x09——电机超速，0x0A——电机过载，0x0B——控制器过载，0x0C——电机过热，0x0D——控制器过热，0x0E——电机温度传感器故障，0x0F——控制器温度传感器故障，0x10——电机编码器故障，0x11——电机堵转故障，0x14——实时故障1，0x15——相电流传感器故障，0x16——母线电流传感器故障，0x17——电机失控，0x1C——转向信号故障，0x1D——通信故障，0x28——实时故障2，0x29——实时故障3
Byte7	预留	—

（2）电机控制器向整车控制器发送的报文（ID：0x311） 该报文主要反馈驱动电机工作状态的参数。报文周期为200ms，报文长度8字节（Byte，十六进制），其中，每个字节由8个比特（bit，二进制）构成，帧格式为标准帧，报文协议见表2-3。

① 第 1~2 个字节（Byte0-Byte1）的功能是用来反馈当前驱动电机的转速。有效值范围为 0~65531，数值偏移量为 -20000，偏移后表示 -20000~45531r/min，最小计量单元为 1r/min。如 MCU 反馈的报文中 Byte0-Byte1=0xF055，进行高低字节变换后电机控制器反馈的驱动电机转速的十六进制值为 0x55F0，换算成十进制值为 22000，进行数值偏移计算后为 22000-20000=2000，表示当前驱动电机转速为 2000r/min。当电机控制器反馈的报文中，Byte0=0xFF、Byte1=0xFE，表示出现异常；当电机控制器反馈的报文中，Byte0=0xFF、Byte1=0xFF，表示反馈的信号无效。

② 第 3~4 个字节（Byte2-Byte3）的功能是用来反馈当前驱动电机的转矩。有效值范围为 0~65531，数值偏移量为 -20000，表示 -2000~4553.1N·m，最小计量单元为 0.1N·m，其中，正值为前进时的转矩，负值为倒车时的转矩。如电机控制器反馈的报文中 Byte2-Byte3=0xE84E，进行高低字节变换后电机控制器反馈的驱动电机转矩的十六进制值为 0x4EE8，换算成十进制值为 20200，进行数值偏移计算后为 20200-20000=200，表示当前汽车正在向前行驶，且此时驱动电机的转矩为 200×0.1N·m=20N·m。当电机控制器反馈的报文中，Byte2=0xFF、Byte3=0xFE，表示出现异常；当电机控制器反馈的报文中，Byte2=0xFF、Byte3=0xFF，表示反馈的信号无效。

③ 第 5 个字节（Byte4）的功能是用来反馈当前电机旋转状态。Byte4=0x01 时定义为 R 位，电机反转；Byte4=0x02 时定义为 N 位，电机无转速；Byte4=0x03 时定义为 D 位，电机正转。

④ 第 6~8 个字节（Byte5-Byte7）为预留字节，默认 Byte5=0x00，Byte6=0x00，Byte7=0x00。

表 2-3 电机控制器向整车控制器发送 CAN 报文的协议（二）（ID：0x311，周期：200ms）

字节		定义		格式
Byte0		驱动电机转速	低字节	有效值：0~65531（数值偏移量为 -20000，表示 -20000~45531r/min），最小计量单元：1r/min，"0xFF，0xFE"表示异常，"0xFF，0xFF"表示无效
Byte1			高字节	
Byte2		驱动电机转矩	低字节	有效值：0~65531（数值偏移量为 -20000，表示 -2000~4553.1N·m），最小计量单元：0.1N·m，"0xFF，0xFE"表示异常，"0xFF，0xFF"表示无效（备注：前进时转矩正值，倒车时转矩负值）
Byte3			高字节	
Byte4		电机旋转状态		0x01：电机反转（R 位）；0x02：电机无转速（N 位）；0x03：电机正转（D 位）
Byte5	bit0	预留		—
	bit1	预留		—
	bi2t-bit5	预留		—
	bit6-bit7	预留		—
Byte6-Byte7		预留		

（3）电机控制器向 VCU 发送的报文（ID：0x312） 该报文主要反馈驱动电机控制器工

作状态的参数。报文周期为500ms,报文长度8字节(Byte,十六进制),其中,每个字节由8个比特(bit,二进制)构成,帧格式为标准帧,报文协议见表2-4。

① 第1~2个字节(Byte0-Byte1)的功能是用来反馈当前电机控制器的输入电压。有效值范围为0~60000,表示0~6000V,最小计量单元为0.1V。如当前电机控制器反馈的报文中Byte0-Byte1=0x2003,进行高低字节变换后电机控制器反馈的电机控制器输入电压的十六进制值为0x0320,换算成十进制值为800,表示当前电机控制器的输入电压为800×0.1V=80V。当电机控制器反馈的报文中,Byte0=0xFF、Byte1=0xFE,表示出现异常;当电机控制器反馈的报文中,Byte0=0xFF、Byte1=0xFF,表示反馈的信号无效。

② 第3~4个字节(Byte2-Byte3)的功能是用来反馈当前电机控制器的直线母线电流。有效值范围为0~20000。数值偏移量为-10000,表示-1000~1000A,最小计量单元为0.1A。如当前电机控制器反馈的报文中,Byte2-Byte3=0xA028,进行高低字节变换后电机控制器反馈的电机控制器直线母线电流的十六进制值为0x28A0,换算成十进制值为10400,进行数值偏移计算后为10400-10000=400,表示当前电机控制器的直线母线电流为400×0.1A=40A。但当电机控制器反馈的报文中,Byte2=0xFF、Byte3=0xFE,表示出现异常;当电机控制器反馈的报文中,Byte2=0xFF、Byte3=0xFF,表示反馈的信号无效。

③ 第5~8个字节(Byte4-Byte7)为预留字节,默认每个字节值都为0x00。

表2-4 电机控制器向整车控制器发送CAN报文的协议(三)(ID:0x312,周期:500ms)

字节	定义		格式
Byte0	电机控制器输入电压	低字节	有效值:0~60000(表示0~6000V),最小计量单元:0.1V,"0xFF,0xFE"表示异常,"0xFF,0xFF"表示无效
Byte1		高字节	
Byte2	电机控制器直线母线电流	低字节	有效值:0~20000(数值偏移量为-10000,表示-1000~1000A),最小计量单元:0.1A,"0xFF,0xFE"表示异常,"0xFF,0xFF"表示无效
Byte3		高字节	
Byte4-Byte7	预留		—

二、自动驾驶模式下,线控驱动系统通信原理

在自动驾驶模式下,线控驱动系统的联合调试通信主要存在于计算平台(AGX)与整车控制器之间,包括计算平台向整车控制器发送的目标车速、转向角度和制动压力请求等指令,以及整车控制器向计算平台发送当前车速、驱动电机状态和当前角度等信息。计算平台与整车控制器之间的通信报文采用Motorola格式,波特率为500kbit/s,帧格式为标准帧。

1. 计算平台向整车控制器发送CAN通信协议

计算平台向整车控制器发送CAN报文ID为0x120,报文周期为100ms,报文长度为8字节(Byte,十六进制),其中,每个字节由8个比特(bit,二进制)构成,帧格式为标准帧,报文协议见表2-5。

1)第1个字节(Byte0)的功能是用来设置使能信号和档位信号。其中,bit0可设置使能信号,当bit0=0时,表示未使能;当bit0=1时,表示使能。bit1和bit2用来设置档位信息,当bit1-bit2=0x00时,设置为P位;当bit1-bit2=0x01时,设置为倒档(R);当bit1-

bit2=0x02时，设置为空档（N）；当bit1-bit2=0x03时，设置为前进档（D）。bit3可设置超声波使能开关，当bit3=0时，超声波开关使能，当bit3=1时，超声波开关未使能。bit4~bit7为预留比特，设置为0。

2）第2个字节（Byte1）的功能是用来设置左转向角度，有效值为0~100，精度为1%，物理量为0~100%。如设置左转向角度为90%，把90转换成十六进制数为0x5A。

3）第3个字节（Byte2）的功能是用来设置右转向角度，有效值为0~100，精度为1%，物理量为0~100%。如设置右转向角度为85%，85转换成十六进制数为0x55。

4）第4个字节（Byte3）的功能是用来设置节气门开合度，有效值为0~100，精度为1%，物理量为0~100%。如设置节气门开合度为70%，70转换成十六进制数为0x46。

5）第7个字节（Byte6）的功能是用来设置制动使能和制动压力请求。bit0为制动使能信号，表示整车控制器接收此信号作为制动有效，点亮制动灯，中断驱动电机，当bit0=0时，表示不使能制动，当bit0=1时，表示使能制动；bit1-bit7为制动压力请求信号，有效值为0~100，精度为1%，物理量为0~100%。如设置制动压力行程点为85使能制动，数值85转换成二进制为1010101，则bit1-bit7=1010101，bit0=1为使能制动，bit0-bit7=11010101，转换成十六进制数为0xD5，得Byte6=0xD5。

6）第8个字节（Byte7）用来设置警告灯，当bit0=0时，警告灯关闭，当bit0=1时，警告灯打开。bit1-bit7为预留位，默认值都为0。

7）第5、6个字节（Byte4~Byte5）为预留字节，都默认为0x00。

表2-5 计算平台向整车控制器发送CAN通信协议（ID：0x120，周期：100ms）

字节		定义	格式
Byte0	bit0	使能信号	0——未使能，1——使能
	bit1	档位	0——驻车档（P），1——倒档（R），2——空档（N），3——前进档（D）
	bit2		
	bit3	超声波开关	1——未使能，0——使能
	bit4	—	—
	bit5	—	—
	bit6	—	—
	bit7	—	—
Byte1		左转向	有效值：0~100，精度为1%，物理量为0~100%
Byte2		右转向	有效值：0~100，精度为1%，物理量为0~100%
Byte3		节气门开合度	有效值：0~100，精度为1%，物理量为0~100%
Byte4		—	—
Byte5		—	—
Byte6	bit0	制动使能	1——使能制动，0——不使能制动
	bit1-bit7	制动压力请求	有效值：0~100，精度为1%，物理量为0~100%
Byte7	bit0	警告灯	1——打开，0——关闭
	bit1-bit7	预留	

2. 整车控制器向仪表模块（IPC）发送 CAN 通信协议

整车控制器向仪表模块发送 CAN 报文的协议（表 2-6）ID 有 3 个（ID：0x101、ID：0x102、ID：0x103），其中，涉及线控驱动系统数据的通信协议 ID 为 0x101，报文周期为 100ms，报文长度为 8 字节（Byte，十六进制），其中，每个字节由 8 个比特（bit，二进制）构成，帧格式为标准帧。

1）第 1 个字节（Byte0）的功能是用来反馈驾驶模式、档位和车辆状态信息。其中，bit0-bit1 可反馈驾驶模式，当 bit0-bit1＝0 时，驾驶模式为人工控制，当 bit0-bit1＝1 时，驾驶模式为自动控制，当 bit0-bit1＝2 时，驾驶模式为遥控器调试模式；bit2-bit3 可反馈档位，当 bit2-bit3＝0x00，表示档位为 P 位；当 bit2-bit3＝0x01，表示档位为 R 位；当 bit2-bit3＝0x02，表示档位为 N 位；当 bit2-bit3＝0x03，表示档位为 D 位；bit5-bit6 为可反馈车辆状态，当 bit5-bit6＝00，表示车辆状态正常，当 bit5-bit6＝0x01，表示车辆一级报警，当 bit5-bit6＝0x02，表示车辆二级报警，当 bit5-bit6＝0x03，表示车辆三级报警；bit4、bit7 为预留位，默认 0。

2）第 2~3 个字节（Byte1~Byte2）的功能是用来反馈当前转向角度。角度范围为 $-540°$~$540°$，逆时针旋转为正，顺时针旋转为负，其中，0° 为对应中点位置。举两个例子进行说明：当前，整车控制器向仪表模块反馈的报文中，Byte1-Byte2＝0x5000，进行高低字节变换后，得到电动助力转向系统（EPS）反馈角度的十六进制值为 0x0050，换算成十进制值为 80，80 在最大的转向角度 540° 以内，可知为逆时针旋转，即当前逆时针旋转了 80°；当前，整车控制器向仪表模块反馈的报文中，Byte1-Byte2＝0xB0FF，进行高低字节变换后，得到电动助力转向系统反馈角度的十六进制值为 0xFFB0，换算成十进制值为 65456，65456 大于最大的转向角度 540°，可知为顺时针旋转，还需再次进行计算，即 65536-65456＝80，表示当前顺时针旋转了 80°。

3）第 4 个字节（Byte3）的功能是用来反馈驱动电机状态，当 Byte3＝0x01 时，表示驱动电机为耗电状态；当 Byte3＝0x02 时，表示驱动电机为发电状态；当 Byte3＝0x03 时，表示驱动电机为关闭状态；当 Byte3＝0x04 时，表示驱动电机为准备状态；当 Byte3＝0xFE 时，表示驱动电机异常状态；当 Byte4＝0xFF 时，表示驱动电机无效。

4）第 5~6 个字节（Byte4-Byte5）的功能是用来反馈车速，有效值范围为 0~65535（表示 0~65m/s），最小计量单元为 0.001m/s。如整车控制器向仪表模块反馈报文中，Byte4-Byet5＝0xE803，进行高低字节变换后，得到整车控制器反馈车速的十六进制值为 0x03E8，换算成十进制值为 1000，表示当前车速为 1000×0.001m/s＝1m/s，可换算为 3.6km/h。

5）第 7~8 个字节（Byte6-Byte7）的功能是用来反馈驱动电机转矩，有效值范围为 0~65531，数值偏移量为 -20000，表示 -2000~4553.1N·m，最小计量单元为 0.1N·m，其中，正值为前进时的转矩，负值为倒车时的转矩。如整车控制器向仪表模块反馈报文中 Byte6-Byte7＝0x524E，进行高低字节变换后，得到驱动电机转矩的十六进制值为 0x4E52，换算成十进制值为 20050，进行数值偏移计算后为 20050-20000＝50，表示当前汽车正在向前行驶，且此时驱动电机的转矩为 50×0.1N·m＝5N·m。当反馈的报文中，Byte6＝0xFF、Byte7＝0xFE 时，表示出现异常；当反馈的报文中，Byte6＝0xFF、Byte7＝0xFF 时，表示反馈的信号无效。

表2-6 整车控制器向仪表模块发送CAN报文的协议（ID：0x101，周期：100ms）

字节		定义		格式
Byte0	bit0-bit1	驾驶模式		0——手动控制模式（加速踏板+档位），1——自动模式（线控），2——遥控器调试模式
	bit2-bit3	档位		0x00——驻车档（P），0x01——倒档（R），0x02——空档（N），0x03——前进档（D）
	bit4	预留		—
	bit5-bit6	车辆状态		0x00——正常，0x01——一级报警，0x02——二级报警，0x03——三级报警
	bit7	预留		—
Byte1		当前角度	低字节	转向角度旋转到当前数值对应的角度（-540°~540°），0°为对应中点位置
Byte2			高字节	
Byte3		驱动电机状态		0x01——耗电；0x02——发电；0x03——关闭状态；0x04——准备状态；"0xFE"表示异常，"0xFF"表示无效
Byte4		车速	低字节	有效值：0~65535（表示0~65m/s），最小计量单元：0.001m/s
Byte5			高字节	
Byte6		驱动电机转矩	低字节	有效值：0~65531（数值偏移量为-20000，表示-2000~4553.1N·m），最小计量单元：0.1N·m，"0xFF，0xFE"表示异常，"0xFF，0xFF"表示无效（备注：前进时转矩正值，倒车时转矩负值）
Byte7			高字节	

> **小贴士**：专注是"大国工匠"必须具备的精神特质。在进行驱动系统报文调试实施过程中一定要专注认真，严格按维修手册的要求进行操作。

【技能训练】

一、计算平台向整车控制器发送CAN报文计算与调试

1）检查实训车辆线控底盘，保证传感器、控制单元等都装配正常，再对底盘进行调试。用千斤顶将车辆举升，使驱动轮离开地面

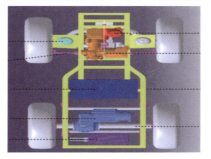

检查车辆线控底盘

（续）

2）查阅系统电路图，连接CAN分析仪，将CAN-H与总线CAN-H相连，CAN-L与总线CAN-L相连，实现通信	 连接CAN分析仪	
3）检查CAN分析仪指示灯，如果设备正在主动发送数据，那么在软件界面中就会收到CAN数据，并且设备对应通道的CAN灯会闪烁	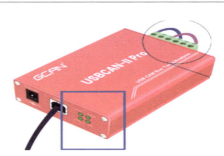 检查CAN分析仪指示灯	
4）打开笔记本上的CAN调试软件（USB-CAN），选择设备操作下拉列表的启动设备。打开CAN设备手动发送协议指令，可以打开软件之后单击发送（可发送任意数据），显示发送成功说明波特率、终端电阻等通信参数设置正确，显示发送失败说明通信未成功，用户需从多方面考虑影响通信的因素	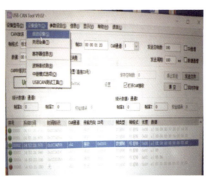 打开CAN调试软件	 CAN调试软件参数调整
5）计算平台向整车控制器发送CAN报文，需选择CAN2发送报文，帧ID选择0x120，发送周期100（单位为ms），发送次数为50（视情况可调整），波特率选择默认的500kbit/s，帧类型选择默认的"接收所有类型"	 选择波特率和帧类型	

项目二　智能网联汽车线控驱动系统装调与检修

（续）

6）计算报文，进行线控系统测试，设置驾驶模式为自动驾驶，设置档位为 D 位，目标节气门开合度 100%

① Byte0 用来设置使能和档位信号。其中，bit0＝1 设置使能。bit1-bit2＝0x03 设置为前进档（D），转换成二进制数为 11。则 Byte0 用二进制表示为 00000111，最后转换成十六进制为 Byte0＝0x07

② Byte1 用来设置左转向角度，设置左转向角度为 0，0 转换成十六进制数为 0x00

③ Byte2 用来设置右转向角度。设置右转向角度为 0，0 转换成十六进制数为 0x00

④ Byte3 用来设置节气门开合度，设置节气门开合度为 100%，100 转换成十六进制数为 0x64

⑤ Byte6 用来设置制动使能和制动压力请求。设置不使能制动 bit0＝0，设置 bit1-bit7 为 0。Byte6 为 0，转换成十六进制数为 0x00

⑥ Byte7 用来设置警告灯，默认值都为 0

7）发送计算得到的报文

底盘线控系统
D 位调试报文

发送报文

8）检查车辆的运动状况。观察驱动轮是否正向旋转，转速是否达到最大值

> **小贴士**：细节决定成败。报文的 ID 和发送周期是调试运行的基础。在调试过程中，应遵守调试工艺，精益求精，追求卓越

二、整车控制器向计算平台反馈的 CAN 报文的读取与分析

1. 打开电源（点火开关）

将线控底盘实训车（台架）的点火开关置于 ON 档

打开点火开关

(续)

2. 连接 CAN 分析仪 1）将 CAN 分析仪通过 USB 方口数据线连接 2）计算机查阅系统电路图，连接 CAN 分析仪，将 CAN-H 与总线 CAN-H 相连，CAN-L 与总线 CAN-L 相连，实现通信	 连接 CAN 分析仪
3. 检查 CAN 分析仪指示灯 如果设备正在主动发送数据，那么在软件界面中就会收到 CAN 数据，并且设备对应通道的 CAN 灯会闪烁	 检查 CAN 分析仪指示灯
4. 读取报文数据 1）打开笔记本上的 CAN 调测软件（USB-CAN），选择设备操作下拉列表的启动设备 2）读取 CAN 总线上数据，将数据格式调整为十六进制，找到 ID 为 0x101 报文 3）获取报文。ID：0x101，数据：0D000001E803524E	 读取报文数据

5. 分析获取的报文

1）Byte0 = 0x0D，用来反馈驾驶模式、档位、车辆状态，0x0D 换算成二进制为 00001101，得出 bit0-bit1 = 01，表示驾驶模式为自动模式；bit2-bit3 = 11 = 0x03，表示档位为 D 位；bit5-bit6 = 00，车辆状态为正常，bit4 和 bit7 为预留，默认为 0

2）Byte1-Byte2 = 0x0000，用来反馈当前转向角度，Byte1-Byte2 = 0x0000，表示转向角度为 0

3）Byte3 = 0x01，用来反馈当前驱动电机的状态，Byte3 = 0x01 时，表示驱动电机当前处于耗电状态

4）Byte4-Byte5 = 0xE803，Byte4-Byte5 用来反馈当前车速，Byte4-Byte5 = 0xE803，进行高低字节变换后为 0x03E8，换算成十进制值为 1000，表示当前车速为 1000×0.001m/s = 1m/s，可换算为 3.6km/h

5）Byte6-Byte7 = 0x524E，Byte6-Byte7 用来反馈驱动电机转矩，Byte6-Byte7 = 0x524E，进行高低字节变换后电机控制器反馈的驱动电机转矩的十六进制值为 0x4E52，换算成 10 进制值为 20050，进行数值偏移计算后为 20050 − 20000 = 50，表示当前汽车正在向前行驶，且此时驱动电机的转矩为 50×0.1N·m = 5N·m

6. 分析得到的报文最终结论

通过以上解析可知当前汽车状态：汽车向前行驶，自动驾驶模式，车辆状态正常，驱动电机处于耗电状态，驱动电机转矩 5N·m，车速为 3.6km/h，转向角度为 0

【课后习题】

1. 整车控制器与电机控制器之间的通信波特率为（   ），报文采用 Motorola 格式，帧格式为标准帧。
    A. 300kbit/s	B. 400kbit/s
    C. 600kbit/s	D. 500kbit/s
2. （   ）主要功能是来设置电机控制器的工作状态。
    A. Byte0	B. Byte1
    C. Byte2	D. Byte3
3. （   ）用来设置反馈驱动电机故障码。
    A. Byte0	B. Byte4
    C. Byte5	D. Byte6
4. （   ）用来设置电机控制器输入电压。（多选题）
    A. Byte0	B. Byte1
    C. Byte2	D. Byte3
5. 计算平台向整车控制器发送 CAN 通信协议的 ID 是（   ）。
    A. 0x120	B. 0x130
    C. 0x101	D. 0x102

任务三　智能网联汽车线控驱动系统故障检修

【任务导入】

一辆 2020 年生产的智能网联汽车，车辆提示电机温度过高，经技术人员初步检查为电机温度信号和旋变信号有问题，需要进行调试维修。请你根据线控驱动系统检修的基本知识，完成该车辆底盘线控驱动系统的维修。

【任务目标】

素养目标	知识目标	能力目标
1. 养成良好的行为规范和职业道德 2. 培养良好的团队意识及沟通交流能力 3. 养成善于思考、深入研究等良好的自主学习习惯并培养创新精神	1. 了解线控驱动系统的关键技术 2. 掌握线控驱动系统的电路图 3. 掌握线控驱动系统部件插接器的端子定义	1. 能够对线控驱动系统进行故障诊断 2. 能够对线控驱动系统进行故障排除 3. 能够正确使用诊断工具

【知识准备】

一、线控驱动系统电路图分析

1. 人工驾驶的工作过程

线控驱动系统电路图，如图2-9所示。线控驱动系统的驱动控制逻辑较为简单。人工驾驶的工作过程：当打开点火开关，整车控制器（VCU）开始工作，当接收到行驶信号（驾驶人指令、加速踏板信号等）时，整车控制器与动力蓄电池管理系统进行通信，控制动力蓄电池的主正、主负继电器闭合，输出高压电至电机控制器，同时，整车控制器向电机控制器发送驱动信号，电机控制器接到指令后，将驱动电机旋转；同时，电机温度传感器监测电机温度，旋转变压器检测电机转速和转角，电机控制器收集、整理、运算，实时对执行情况进行监控，并把监控信息传给整车控制器，从而线控驱动系统能形成一个闭合的控制。

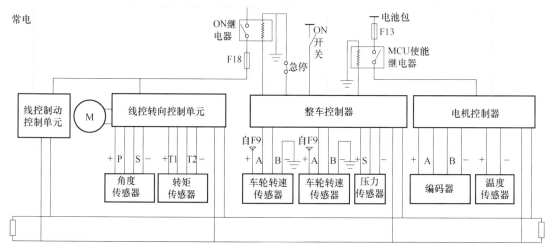

图2-9　线控驱动系统电路图

2. 自动驾驶的工作过程

当打开点火开关，整车控制器上电，进入工作状态，此时计算机平台也在接收各类环境感知传感器（激光雷达、摄像头、毫米波雷达、超声波雷达等）信号，结合组合导航和高精度地图，经过分析、规划、运算和决策，通过CAN总线把执行信息传给整车控制器；当接收到执行信号后，整车控制器与动力蓄电池管理系统（BMS）进行通信，控制动力蓄电池的主正、主负继电器闭合，输出高压电至电机控制器，同时，整车控制器向电机控制器发送驱动信号，电机控制器接到指令后，将驱动电机旋转；同时，电机温度传感器监测电机温度，旋转变压器检测电机转速和转角，电机控制器收集、整理、运算，实时对执行情况进行监控，并把监控信息传给整车控制器，整车控制器把相关信号传回计算机平台，从而线控驱动系统能形成一个闭合的控制。

3. 线控驱动线束插接器

线控驱动系统主要有驱动电机和电机控制器。驱动电机的插接器有三个，分别是旋变传感器插接器、温度传感器插接器和高压端子插接器，如图 2-10 所示。驱动电机的插接器端子定义见表 2-7。

a) 旋变传感器插接器

b) 温度传感器插接器

图 2-10　驱动电机的插接器

表 2-7　驱动电机的插接器端子定义

名称	端子编号	端子定义	名称	端子编号	端子定义
旋变传感器插接器	1	5V	温度传感器插接器	1	温度+
	2	旋变 B 相		2	温度-
	3	旋变 A 相	高压端子	U	三相交流 U 相
	4	负极		V	三相交流 V 相
	5	电机抱轴+		W	三相交流 W 相
				B+	高压 60+
	6	电机抱轴-		B-	高压 60-

电机控制器有三个插接器，分别是 CAN 线与电源端子插接器、加速踏板插接器和高压端子插接器，如图 2-11 所示。电机控制器插接器端子定义见表 2-8。

a) 电机控制器 CAN 线、电源端子

b) 加速踏板端子

图 2-11　电机控制器插接器实物图

表 2-8　电机控制器插接器端子定义

名称	端子编号	端子定义	名称	端子编号	端子定义
CAN 线和电源插接器	1	CAN-L	CAN 线和电源插接器	3	ON+
	2	CAN-H		4	负极

（续）

名称	端子编号	端子定义	名称	端子编号	端子定义
加速踏板插接器	1	—	加速踏板插接器	4	加速踏板信号
	2	—		5	加速踏板开关
	3	负极		6	ACC+

二、线控驱动系统常见故障

线控驱动系统常见故障主要有三类，分别是零部件故障（驱动电机、电机控制器和加速踏板）、信号类故障（温度传感器、旋变传感器）和通信类故障（CAN 总线）。

线控驱动系统零部件故障。这类故障通常表现为单个零部件无法正常工作，使用 CAN 分析仪测试时，显示单个零部件失去联系或者电流过大、温度过高等。故障原因通常为零部件本身故障或相关电路故障。

信号类故障通常表现为某个信号异常，使用 CAN 分析仪测试时，通常显示某一传感器信号异常，比如旋变信号超出范围或温度超出范围等，这类故障一般是由于传感器自身故障或者电路断路、短路引起的。

通信类故障（CAN 总线）通常是驱动系统无法正常工作。使用 CAN 分析仪读取数据，发现部分或全部电控单元失去联系。故障原因通常是 CAN 总线故障或者电源故障。

> **小贴示**：细节决定成败。线控驱动系统故障诊断时，不同的故障现象会有较多的故障原因，诊断过程中应注意细小差别。

【技能训练】

一、线控驱动系统 CAN 通信故障检修

1. 故障现象

一辆配有底盘线控系统的车辆，驱动电机无法起动，利用 CAN-TOOL 分析仪读取报文，显示车身三级报警

读取报文

（续）

2. 故障分析

根据底盘线控系统测试装调实验实训台的调试软件中报文信息显示，发现线控驱动电机控制器输出报文的 CAN1 中 ID 0x310、0x311、0x312 同时消失，可以判断为 MCU 通信故障

故障码(10进制)	含义
18	电机V相过电流故障
23	电池包母线过电压故障
28	电机过热
29	MCU过热
30	电机温度故障
32	电机编码器故障
38	通信故障
41	转向电机故障
42	转向系统故障
49	电池包温度均衡故障
79	制动故障
83	车轮转速传感器故障
84	驱动故障
86	制动通信故障
87	转向通信故障
89	制动故障

查找故障码含义

3. 故障的原因分析

1）线控驱动电机控制器电源故障

2）线控驱动电机控制器 CAN 通信故障

3）线控驱动电机控制器软件错误

4）线控驱动电机控制器故障

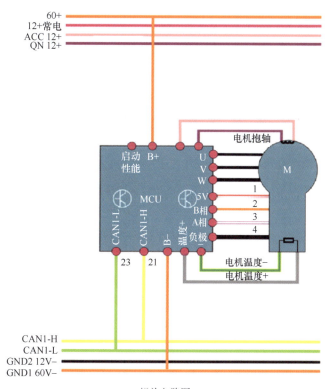

相关电路图

（续）

4. 故障诊断过程

1）取下钥匙，拆卸辅助蓄电池负极后，分别拆下电机控制器高压插头和动力蓄电池高压插头

2）使用万用表蜂鸣档，测量电机控制器高压插头供电 B+ 和动力蓄电池高压插头正极输出之间的线束，正常为导通状态

3）使用万用表蜂鸣档，测量电机控制器高压插头搭铁 B− 和动力蓄电池高压插头负极输出之间线束，正常为导通状态

4）分别安装电机控制器高压插头和动力蓄电池高压插头。安装辅助蓄电池负极，插上钥匙并置于 ON 档位

5）使用万用表电压档，红表笔接电机控制器低压插头 CAN-H 号端子，黑表笔搭铁，正常测量值应为 2.55V 左右

6）使用万用表电压档，红表笔接电机控制器低压插头 CAN-L 号端子，黑表笔搭铁，正常测量值应为 2.49V 左右

7）若测量电机控制器的 CAN 总线、供电和搭铁都无异常，则需检查是否有电机控制器对应升级，若无，则需要更换电机控制器

经万用表测得，电机控制器低压插头 CAN-L 电路存在断路故障，为线控驱动电机控制器 CAN 通信故障

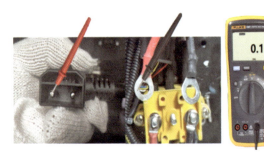

测量电机控制器高压线束

测量电机控制器高压搭铁线束

测量电路电阻

5. 故障排除

维修或更换相同型号的电路，车辆恢复正常状态，故障排除，撤除防护

项目二　智能网联汽车线控驱动系统装调与检修

二、整车控制器 CAN 通信故障检修

1. 故障现象

一辆配有底盘线控系统的车辆，驱动电机无法起动，利用 CAN-TOOL 分析仪读取报文，显示车身三级报警

读取报文

2. 故障分析

根据底盘线控系统的调试软件中报文信息显示，发现 CAN1 中整车控制器输出报文的 ID、0x314、0x301、0x364 同时消失，可以判断为 VCU 的 CAN1 无通信

故障码(10进制)	含义
18	电机V相过电流故障
23	电池包母线过电压故障
28	电机过热
29	电机控制器过热
30	电机温度故障
32	电机编码器故障
38	通信故障
41	转向电机故障
42	转向系统故障
49	电池包温度均衡故障
79	制动故障
83	车轮转速传感器故障
84	驱动故障
86	制动通信故障
87	转向通信故障
89	制动故障

查找故障码含义

3. 故障的原因分析
1）整车控制器 CAN1 通信故障
2）整车控制器软件错误
3）整车控制器故障

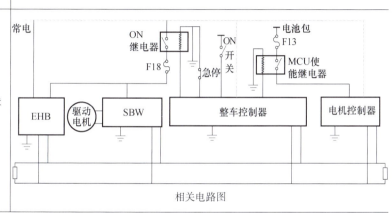

相关电路图

51

（续）

4. 故障诊断过程

1）取下钥匙，分别拔下整车控制器两个插头，插上钥匙并置于 ON 档位

2）使用万用表电压档，红表笔接整车控制器插头 CAN1-H 号端子，黑表笔搭铁，正常测量值应为 2.55V 左右

3）使用万用表电压档，红表笔接整车控制器插头 CAN1-L 号端子，黑表笔搭铁，正常测量值应为 2.49V 左右

4）若测量整车控制器的 CAN1 总线无异常，则需检查是否有整车控制器对应升级，若无，则需要更换整车控制器

5）经万用表测得，整车控制器插头 CAN-H 号电路存在断路故障，为整车控制器 CAN 通信故障

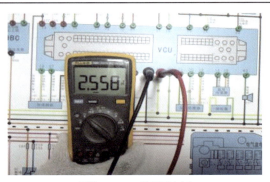

测量 CAN1-H 号端子电压

测量 CAN1-L 号端子电压

5. 故障排除

维修或更换相同型号的电路，车辆恢复正常状态，故障排除，撤除防护

三、线控驱动电机温度传感器故障检修

1. 故障现象

一辆配有底盘线控系统的车辆，驱动电机无法起动

读取报文

（续）

2. 故障分析 根据底盘线控系统的调试软件中报文信息显示，发现线控驱动电机控制器输出报文的 CAN1 中 ID 0x310 电机温度传感器部分异常，可以判断为电机温度传感器相关故障	故障码(10进制)	含义
	18	电机V相过电流故障
	23	电池包母线过电压故障
	28	电机过热
	29	电机控制器过热
	30	电机温度故障
	32	电机编码器故障
	38	通信故障
	41	转向电机故障
	42	转向系统故障
	49	电池包温度均衡故障
	79	制动故障
	83	车轮转速传感器故障
	84	驱动故障
	86	制动通信故障
	87	转向通信故障
	89	制动故障
	\multicolumn{2}{c}{查找故障码含义}	

3. 故障的原因分析
1）电机温度传感器故障
2）电机温度传感器电路故障
3）线控驱动电机控制器软件错误
4）线控驱动电机控制器故障

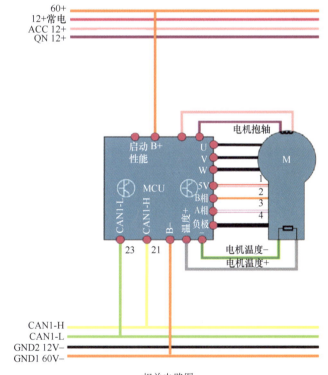

相关电路图

4. 故障诊断过程
1）取下钥匙，拔下电机温度传感器插头，插上钥匙并置于 ON 档位
2）使用万用表电压档，测量电机温度传感器信号电压，两个表笔分别接电机控制器温度端子（背部），常温状态下，测量值应为 2.1V 左右

测量温度传感器信号电压

（续）

3）将点开关至于 OFF 档 4）使用万用表蜂鸣档，测量电机温度传感器电阻，常温状态下，正常测量值应为 21kΩ 5）若测量电机控制器和电机温度传感器之间线束正常，电机温度传感器正常，则需检查是否有 MCU 对应升级，若无，则需要更换 MCU 6）经万用表测得电机温度传感器电阻无穷大，为电机温度传感器故障	 测量温度传感器电阻

5. 故障排除

维修或更换驱动电机，车辆恢复正常状态，故障排除，撤除防护

【课后习题】

1. 当选用人工驾驶模式时，驾驶人通过操纵杆的传感器将（　　）传递给电控单元，电控单元处理信号后将指令发送给换档电机，实现前进档、倒车档、空档、驻车档的转换。

　　A. 制动信号　　　　B. 换档信号　　　　C. 加速信号　　　　D. 转向信号

2. 当选用自动驾驶模式时，驾驶人操纵换档选择模块的人工驾驶操作，将变为（　　）所需档位并进行切换，实现前进档、倒车档、空档、驻车档的转换。

　　A. 人工判断　　　　　　　　　　　　B. 人工与机器共同判断
　　C. 汽车自动判断　　　　　　　　　　D. 以上都对

3. （　　）是线控驱动系统中的核心部件，可以将电能转换为机械能。

　　A. 激光雷达　　　B. 动力蓄电池　　　C. 计算平台　　　D. 驱动电机

4. 智能网联汽车主要以纯电动汽车为主，常见的驱动电机有（　　）。

　　A. 直流电机　　　　　　　　　　　　B. 交流异步电动机
　　C. 永磁同步电机和开关磁阻电机　　　D. 以上都对

【项目拓展】

线控加速系统单踏板模式介绍

单踏板模式是基于纯电动汽车使用的线控节气门开发出的制动能量回收功能，指驾驶人可以通过一个加速踏板控制车辆的加速和减速，踩下踏板即加速，抬起踏板则是制动，制动能量回收与单踏板模式都是新能源车的新技术之一。

"单踏板"顾名思义就是一种集成了加速和制动功能的踏板,以控制车辆的加、减速。其工作原理:一旦松开加速踏板,再生制动系统就会介入工作,通过回收动能降低车速;即它可以依靠单个踏板实现汽车的起步、加速、稳态、减速和停车全过程,并在减速过程中同时实现能量回收,改变了传统的加、减速双踏板布置形式。

单踏板驾驶模式并不是只有一个踏板,其踏板系统由一个主踏板和一个辅助减速踏板组成,其中,主踏板可以实现的加减速能力,可以满足日常的大部分车辆操作;辅助减速踏板是在主踏板制动减速度不能满足驾驶人意图时的紧急制动踏板。

主踏板有三个主要控制行程,即加速行程、减速行程和恒速行程。加速行程是驾驶人踩下踏板的过程,随着踏板踩下深度的增加,输出驱动转矩随之增大;减速行程是驾驶人松开主踏板的过程,随着踏板深度的减少,输出转矩由正转矩到负转矩变化;恒速行程是驾驶人松开踏板到某一开度区间内,电机输出转矩为零或是刚好与外界阻力相平衡。

单踏板驾驶模式减少了制动踏板的使用可以降低驾驶人的劳动强度,提高舒适性。使驾驶变得越来越简单,越来越智能。单踏板模式可以实现电能回收,减少汽车的电耗。

单踏板作为一种新型踏板集成了加速踏板和制动踏板的功能,改变了传统的驾驶模式和驾驶方式,有效地提高了操作效率和能量回收效率,节能与便利一体化。但是驾驶全程都需要对踏板有所操作,否则会快速停车,也需要新客户有一些适应的时间。

【项目小结】

1. 知识小结

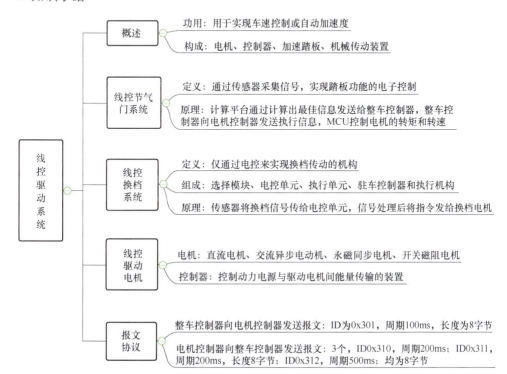

2. 技能小结

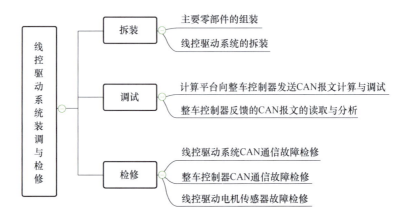

【主题探究】

团队精神可以有效推动工作进度，促进事业发展，提高组织的整体效能，其核心是协同合作。要培养良好的团队精神，就要做到有大局观念，有规则意识，能主动做事，善于表达与交流，学会合作，懂得宽容等。

汽车线控驱动系统零部件的检修与调试，都需要维修人员的相互配合与协同操作，团队精神对维修质量会产生直接影响。在项目化学习过程中，如何才能更好地开展小组合作，发挥团队的力量？请与小组成员一起交流、探讨，并制订出小组合作的基本要求。

项目三

智能网联汽车线控转向系统装调与检修

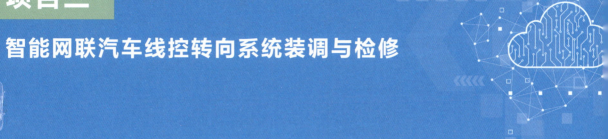

【项目描述】

汽车转向系统的发展历程大致经历了以下几个阶段：机械转向系统、液压助力转向系统、电控液压助力转向系统、电动助力转向系统和线控转向系统。目前，电动助力转向系统被广泛采用，但电动助力转向系统受限于安装空间、力传递特性、角传递特性等诸多因素，不能自由设计和实现。因此，线控转向系统应运而生，该系统将给汽车转向特性的设计带来无限的空间，是汽车转向系统发展的重大变革。在智能网联汽车中，可将线控转向系统通过整车控制器与计算平台结合起来，通过计算平台替代驾驶人（操作转向盘等）向汽车发送转向意图，当环境感知传感器检测到汽车所在车道前方有路障时，环境感知传感器将路障大小和距离等信息传递给计算平台，计算平台分析后，向整车控制器发送执行转向信号，整车控制器将信号再次处理后，发送给线控转向系统，线控转向系统根据命令实现汽车的自动转向，防止汽车撞到路障引发交通事故，如图3-1所示。线控转向系统除了实现汽车的自动避障外，还可以实现汽车的自动泊车和车道保持等功能。

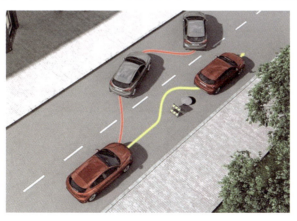

图3-1 智能网联汽车线控转向系统自动避障

【知识脉络图】

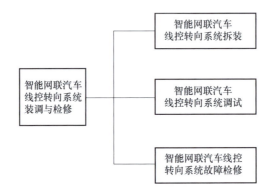

任务一　智能网联汽车线控转向系统拆装

【任务导入】

有一辆智能网联实训汽车，线控转向系统出现故障，需要拆装进行故障诊断维修。你作为某企业底盘线控的装调人员，请你根据所学线控转向系统的构造、工作原理及检修等相关知识，完成线控转向系统的拆装与故障诊断。

【任务目标】

素养目标	知识目标	能力目标
1. 养成拆卸安装过程中良好的劳动习惯 2. 养成应用技术资料完成结构认知自学的职业能力 3. 能够通过实践项目养成团队协作意识	1. 了解线控转向系统的功能 2. 掌握线控转向系统的结构与工作原理 3. 了解线控转向系统的工作特点及应用	1. 能够制订线控转向系统拆装计划 2. 能够正确使用线控转向系统拆装工具 3. 能够独立拆装线控转向系统零部件

【知识准备】

汽车转向系统指的是用来改变或保持汽车行驶方向的一系列装置，早期汽车转向系统为机械式转向，完全靠人力进行转向，为协助驾驶人进行汽车方向调整，减轻打转向盘的用力强度,从而进一步发展出了助力转向系统,共经历了机械式转向系统(MS)、液压助力转向系统(HPS)、电控液压动力转向系统(EHPS)和电动助力转向系统(EPS)几个阶段。

现如今,乘用车上以电动助力转向系统为主流,商用车上以液压助力转向系统为主流。将来智能驾驶时代将更为侧重开发软件层面的高级功能,包括车道保持功能、主动转向提示、自动泊车、车道偏离预警、自动避让等高级驾驶辅助技术,实现从"助力"向"智能"升级的过程,特别是在自动驾驶L4级阶段,线控形式的电动助力转向系统将有望成为主流。

一、线控转向系统的功能

线控转向系统以电子方式将指令传输给执行器,来进行转向操作,即双模自动驾驶汽车上,采用人工驾驶模式时,把驾驶人转动转向盘的角度,经过传感器发送给电子控制单元(ECU),ECU处理后将电子指令直接发送给转向机,转向机根据指令要求来驱动车轮转动。

线控转向系统的发展与电动助力转向系统一脉相承,其所用到的关键部件在电动助力转向系统中一样有应用,由于取消了转向盘和转向执行机构之间的机械连接,线控转向系统相对于电动助力转向系统需要有冗余功能。线控转向系统改善了驾驶特性并增强了操纵性,具备舒适性好、响应速度快、安全性高、与车道保持辅助等辅助驾驶功能配合更好的优点。线控转向很好地满足了汽车智能化对车辆转向系统在控制精确度、可靠性等方面的更高要求,将成为未来智能网联汽车转向系统的主流趋势。

二、线控转向系统的分类

目前,能适应智能网联汽车转向要求的系统主要有两种,一种是在电动助力转向系统(EPS)上进行的升级改造;另一种是独立设计的线控转向系统(SBW)。

1. 电动助力转向系统

电动助力转向系统的结构如图3-2所示。电动助力转向系统的主要优点是设计和构造简便,其助力与发动机转速无关,能够让转向盘在低速时更轻盈,高速时更稳定;它的缺点是需要长期保留机械装置,以保证冗余度,否则万一电子设备失效容易造成不良后果。

根据辅助电机的位置不同,可以将电动助力转向系统分为转向管柱辅助型(C-EPS)、齿轮辅助型(P-EPS)和齿条辅助型(R-EPS)三种形式,其结构如图3-3所示。

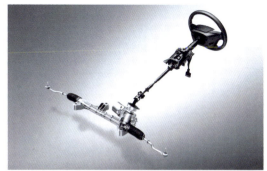

图3-2 电动助力转向系统

(1)转向管柱辅助型 转向管柱辅助型(C-EPS)的助力电机安装于转向管柱上,在转向管柱下面连接的是一个机械式的转向器,电机助力的转矩作用于转向管柱上。C-EPS的优点是结构紧凑,其电机、减速机构、传感器及控制器等为一体化设计,布置在驾驶舱内,工作环境较好,不占用发动机舱的空间,

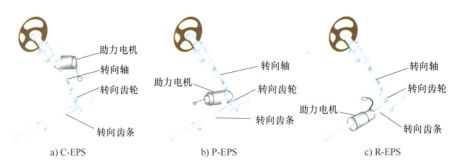

图 3-3 电动助力转向系统的分类

方便发动机舱布置，成本较低。缺点是驱动电机的助力要通过转向管柱和转向齿轮传递到转向机上，转向管柱部件受力较大，可提供的助力大小受到限制。另外，由于电机和减速机构布置在驾驶舱内，更容易引起驾驶舱内产生噪声；由于减速机构等安装在转向盘上，不利于转向轴的吸能结构设计。因此，C-EPS 仅适用于中小型乘用车。

（2）齿轮辅助型 齿轮辅助型（P-EPS）助力电机和减速机构布置在转向齿轮上，驱动电机的输出力矩通过蜗轮蜗杆减速机构传递到转向齿轮上。P-EPS 的优点是其助力转矩直接作用于转向齿轮上，可以提供较大的转向助力，助力效果较为迅速、准确。助力电机和减速机构布置在发动机舱内，有利于减小驾驶舱噪声。P-EPS 的缺点是其电机和传感器等部件安装在发动机舱内，器件的耐热与防水等使用环境要求高，成本较高。因此，P-EPS 适用于需求助力较大的中型乘用车。

（3）齿条辅助型 齿条辅助型（R-EPS）助力电机和减速机构布置在转向齿条上，电机助力转矩作用于转向齿条。R-EPS 使其助力转矩直接作用于转向齿条上，相较于前两种结构可以提供更大的转向助力，助力效果也最为迅速、准确。助力电机和减速机构布置在发动机舱内，有利于减小驾驶舱噪声。R-EPS 的缺点是其电机和传感器等部件安装在发动机舱内，对器件的耐热与防水等使用环境要求高，成本较高。因此，R-EPS 适用于需求助力较大的大中型乘用车。

2. 线控转向系统

线控转向系统使用传感器获得转向盘旋转角数据，ECU 将参数转换成具体的驱动力数据，利用电机推动转向机转动车轮，如图 3-4 所示。

图 3-4 线控转向系统

线控转向系统介绍及应用

线控转向系统给汽车的转向特性设计带来更大的可发挥空间，摆脱了传统转向的各种限制，不但可以设计汽车转向的力传递特性，而且可以设计汽车转向的角传递特性，更方便与自动驾驶系统的其他子系统（如感知、动力、底盘等）实现集成，在改善汽车主动安全性能、驾驶特性、操纵性以及驾驶人路感方面具有明显优势，是智能网联汽车实现路径跟踪与避障、避险所必需的关键技术。

三、电动助力转向系统和线控转向系统的结构与工作原理

1. 电动助力转向系统的结构与工作原理

（1）**电动助力转向系统的结构** 电动助力转向系统由检测驾驶人的转向操作转矩的转矩传感器、根据转矩信号计算助力转矩并控制电机驱动的电控单元（ECU）、产生助力的电机、使电机驱动力传递至转向机构的减速机构等组成，如图3-5所示。

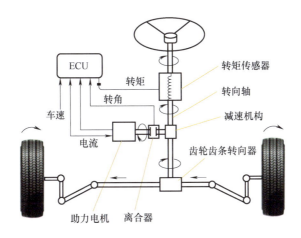

图3-5 电动助力转向系统的结构

（2）**电动助力转向系统的工作原理** 汽车在转向时，转矩传感器会接收到转向盘的转矩和转动方向，这些信号传送给电动助力转向ECU，电动助力转向ECU根据转矩和转动方向等数据信号，向电机控制器发出动作指令，电机就会根据具体的需要输出相应大小的转动力矩，从而产生助力转向。

2. 线控转向系统的结构与工作原理

（1）**线控转向系统的结构** 线控转向系统主要由转向盘模块、转向执行模块和控制器三个主要部分，以及自动防故障系统、电源等辅助系统组成，如图3-6所示。各个模块各司其职，相互配合，实现线控转向功能，保障汽车的行驶安全性。

转向盘模块由转向盘组件、转角传感器、转矩传感器和转向盘路感电机等组成，其主要适用于人工驾驶模式时，将驾驶人的转向意图（通过测量转向盘转角）转换成数字信号，并传递给控制器。同时，控制器向转向盘路感电机发送控制信号，产生转向盘的反馈力矩，以提供给驾驶人相应的路感信息。

控制器对采集的信号进行分析处理，判别汽车的运动状态，向转向盘路感电机和转向电机发送命令，控制两个电机协调工作。人工驾驶模式时，控制器还可以对驾驶人的操作指令

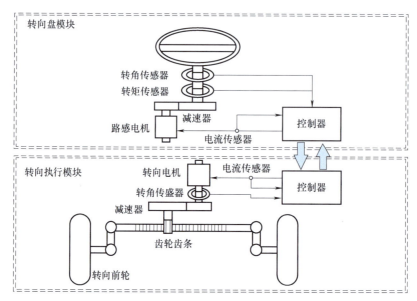

图 3-6 线控转向系统的结构

进行识别,判定在当前状态下驾驶人的转向操作是否合理。当汽车处于非稳定状态或驾驶人发出错误指令时,前轮线控转向系统将自动进行稳定控制或将驾驶人错误的转向操作屏蔽,以合理的方式自动驾驶车辆,使汽车尽快恢复到稳定状态。

前轮转向模块由转角传感器、转向电机和前轮转向组件等组成。它的功能是将测得的前轮转角信号反馈给控制器,接收控制器的命令,控制转向电机完成所要求的前轮转角,当处于人工驾驶模式时,实现驾驶人的转向意图。

自动防故障系统是线控转向系统的重要模块,它包括一系列的监控和实施算法,针对不同的故障形式和故障等级做出相应的处理,以求最大限度地保持汽车的稳定行驶状态。线控转向技术采用严密的故障检测和处理逻辑,以最大限度地保障汽车安全性能。

电源系统承担着控制器、两个执行电机以及其他车用电器的供电任务,要保证电网在大负荷下稳定工作,电源的性能就显得十分重要。其中,仅转向电机的最大功率就有 500~800W,加上汽车上的其他电子设备,电源的负担已经相当沉重。

线控转向系统关键部件的功用:转角传感器是测量驾驶人作用在转向盘上的转角大小和方向;转矩传感器是测量驾驶人作用在转向盘上的力矩大小和方向;路感电机是根据 ECU 的指令输出适当的转矩,模拟、产生转向盘的反馈力矩,以提供驾驶人相应的路感信息;转向电机是根据 ECU 的指令控制转向电机,用来实现转向轮的转角;ECU 是线控转向系统中最关键的部分,决定着线控转向系统的控制效果,包括输入处理电路、微处理器、输出电路和电源电路等。对各类传感器所采集的信号进行分析处理,然后向路感电机和转向电机发出命令,对两个电机的电压或者电流进行控制,用以实现线控转向的功能。

(2) 线控转向系统的工作原理 线控转向系统取消了传统设计中的机械连接,根据传感器采集反馈的信号,控制器做出决策发出控制指令,完成相应的功能,其工作原理图如图 3-7 所示。

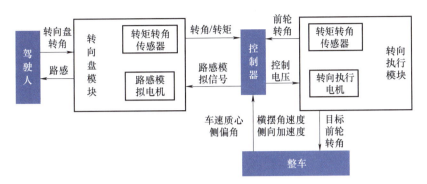

图 3-7 线控转向系统的工作原理图

驾驶人根据当前行驶环境和驾驶经验，转动转向盘输入转向指令，转矩转角传感器将采集到的转矩转角信号传递给控制器，控制器结合其他传感器输入的车速、侧向加速度、横摆角速度等车辆动态信号，判断汽车路面条件和行驶状态，并根据控制算法，输出信号到转向执行总成，控制转向执行电机输出合适的转矩和转角，完成汽车转向操作，使汽车按照驾驶人的意图和指令行驶。

当汽车受到外界干扰时，控制器根据车辆反馈的信息，主动对前轮转角进行调整，用来保证汽车稳定行驶。同时，控制器根据转向执行总成反馈回来的信号，对路感模拟电机进行控制，产生良好的路感，使驾驶人能够准确感知路面信息。

四、线控转向系统的优缺点

由于线控转向系统的转向盘和转向轮是断开的，没有机械连接，是通过总线传输必要的信息，其具备较多优点。

1. 线控转向系统的优点

（1）**舒适、安全、经济性好** 线控转向系统去除转向柱等机械连接，减小了转向机械结构约 5kg 的质量，降低了汽车零部件的制造成本，改善了整车功耗。线控转向系统节约了空间，驾驶人的腿部活动空间和汽车底盘的空间明显增大。此外，避免了交通事故中转向柱对驾驶人可能带来的伤害；智能化的 ECU 根据汽车的行驶状态判断驾驶人的操作是否合理，并且及时做出相应的调整，当汽车处于极限工况时，能够自动对汽车进行稳定性控制。

（2）**操纵稳定性好** 线控转向系统解决了传统汽车所不能解决的汽车转向过程中转向力和转向响应时间两者之间的矛盾，使转向系统和转向盘同步工作，控制更加灵敏；传统的转向系统，由于传动比固定，导致存在转向特性随着汽车行驶姿态的不同而变化的缺点，而具有变传动比特点的线控转向系统，能够较好地克服此问题；通过优化控制稳定性因数，可提高整车的操纵稳定性。

（3）**控制系统一体化** 通过控制器 ECU 和汽车总线的连接，能够实现动态控制系统和平顺性控制系统与其他的控制单元通信联系，为集成控制系统一体化提供了条件。

（4）**个性化的设置** 线控转向系统可以根据驾驶人的要求设置转向传动比和转向盘反馈力矩，以满足不同年龄阶段驾驶人的要求，并适应不同的驾驶环境以及与转向相关的驾驶行为，这些都可以通过调节软件来设置与实现。

2. 线控转向系统的缺点

线控转向系统需要较高功率的路感模拟电机和转向执行电机；为了实现其性能，需要实现复杂的路感模拟电机和转向执行电机算法；对性能车和跑车这种强调驾驶乐趣的车型来说，路感不足，驾驶乐趣变差，线控转向技术需要消耗电能来提供转向助力，对电动汽车的电池供电带来一定压力。

> **小贴示：** 坚持安全第一，就是对人的生命的高度负责。线控转向系统的冗余系统保证了转向的安全性，体现了生命至上的理念。

【技能训练】

一、线控转向系统主要零部件的组装

1）将传动蜗杆装入正确安装位置，安装蜗杆固定垫片，安装固定螺栓，并按照规定力矩紧固螺栓	 安装传动蜗杆
2）安装转矩转角传感器线束插接器，并安装两端外罩壳，安装固定螺栓，按照规定力矩拧紧	 安装两端外罩壳
3）安装助力转向电机总成，安装固定螺栓，并按照规定力矩拧紧	 安装助力转向电机总成

(续)

4）将转向控制器的集成电路板装到下壳体支架上，并安装固定螺栓，按规定力矩拧紧 注意：将上壳体装入下壳体，并按下锁止卡扣，使上下壳体紧密结合在一起	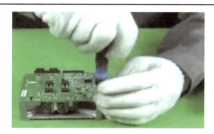 安装转向控制器的集成电路板	
5）连接转向电机与控制器之间线束插接器	 连接线束插接器	

二、线控转向系统的拆装

1）断开蓄电池负极，然后等待2min	 断开蓄电池负极
2）拆卸安全气囊，首先分离气囊插接器，然后分离喇叭插接器，并将安全气囊取出 注意：分离安全气囊前，需去除手上静电，拆卸后的安全气囊必须正面向上摆放	 拆卸安全气囊
3）拆卸转向盘，首先确定轮胎朝向正前方，拆卸转向盘固定螺母，并将转向盘取下	 拆卸转向盘

(续)

4）拆卸转向管柱上下装饰板固定螺栓，并将上下装饰板取下		
	拆卸转向管柱上下装饰板	
5）分离气囊游丝插接器，分离灯光和刮水器线束的插接器		
	分离线束的插接器	
6）拆卸灯光和刮水器组合开关固定螺栓，并将组合开关取下		
	拆卸灯光和刮水器组合开关	
7）分离点火开关插接器，将点火开关固定螺栓拆卸，并将开关取下		
	分离点火开关插接器	
8）拆卸线控转向系统的控制器固定螺栓，然后分离控制器上的所有插接器，并将控制器取出 注意：先分离供电插接器		
	拆卸线控转向系统的控制器	

（续）

9）拆卸转向管柱的四颗固定螺栓，并将管柱取下	 拆卸转向管柱
10）拆卸助力转向电机至万向传动轴一端固定螺栓，并将电机取下	 拆卸助力转向电机
11）拆卸万向传动轴至转向器花键上的固定螺栓，并将传动轴取下	 拆卸万向传动轴
12）利用轮胎与地面的附着力，按对角线分别松开两前轮胎固定螺栓。操作举升机，将车辆举升到彻底离开地面的位置，按对角线拆卸两前轮胎螺栓，分别将两前轮胎取下	 拆卸轮胎
13）用尖嘴钳分别拆卸两侧螺栓锁紧销，然后分别拆卸两侧转向横拉杆球头固定螺母	 拆卸两侧转向横拉杆球头固定螺母

(续)

14）操作举升机举升车辆至合适位置，分别拆卸转向器左右两个固定卡箍的锁紧螺栓，并将卡箍取下。将转向器取出，线控转向系统整车拆卸完成	 拆卸卡箍及转向器
15）线控转向系统整车装复 　　按分解的相反顺序装复线控转向系统各零件。直至安装转向盘前，需确定游丝旋转圈数的中间位置，方法为将气囊游丝向左旋转至极限位置，然后摆正游丝，向回旋转三圈，即中间位置。确定轮胎朝向正前方，将转向盘放至转向管柱，安装固定螺母，并按规定力矩拧紧。连接气囊插接器，然后连接喇叭插接器，将气囊装入转向盘 　　注意：安装安全气囊前，需去除手上静电，转向系统整车装配完成后，还需要做转向调试和四轮定位后，才能上路	 确定游丝旋转圈数的中间位置 线控转向系统线路连接

> **小贴士**：细节决定成败，在操作安全气囊拆装前，需去除手上静电，转向系统装配完成后，在做完转向调试和四轮定位后，才能上路，以免引起安全事故，在工作中应特别注意一丝不苟、精益求精的工匠精神的培养。

【课后习题】

1. 线控转向系统摆脱了传统转向的各种限制，不但可以设计汽车转向的（　　），而且可以设计汽车转向的角传递特性，给汽车的转向特性设计带来更大的可发挥空间，更方便与自动驾驶其他子系统（如感知、动力、底盘等）实现集成。

　　A. 电突触传递特性　　　　B. 信息传递特性
　　C. 速度传递特性　　　　　D. 力传递特性

2. 转向管柱辅助型（C-EPS）的助力电机安装于（　　）上，在转向管柱下面连接的是一个机械式的转向机，电机助力转矩作用于转向管柱上。

　　A. 转向管柱　　　　　　　B. 转向齿轮
　　C. 转向齿条　　　　　　　D. 转向盘

3. 齿轮辅助型（P-EPS）的助力电机和减速机构布置在（　　）上，驱动电机的输出力矩通过蜗轮蜗杆减速机构传递到转向齿轮上。

A. 转向管柱　　　　　　　　　　B. 转向齿轮

C. 转向齿条　　　　　　　　　　D. 转向盘

4. 齿条辅助型（R-EPS）的助力电机和减速机构布置在（　　）上，电机助力转矩作用于转向齿条上。

A. 转向管柱　　　　　　　　　　B. 转向齿轮

C. 转向齿条　　　　　　　　　　D. 转向盘

任务二　智能网联汽车线控转向系统调试

【任务导入】

一辆智能网联汽车线控转向系统故障，更换零部件后需要对其进行调试。作为某企业底盘线控的装调人员，请你根据所学线控转向系统调试的基本知识，完成底盘线控转向系统的检查与调试。

【任务目标】

素养目标	知识目标	能力目标
1. 培养严格遵守安全技术操作规程的习惯 2. 培养良好的合作意识和协调沟通能力 3. 培养精益求精、一丝不苟的工匠精神	1. 掌握线控转向系统的通信原理 2. 掌握线控转向系统 CAN 报文含义 3. 掌握线控转向系统 CAN 报文发送方法	1. 能够制订底盘线控转向系统的拆装计划 2. 能够将调试数据解析成 CAN 报文 3. 能够进行线控转向系统调试

【知识准备】

智能网联汽车底盘线控系统安装完成后，为了保证其正常的运行，需要分别调试汽车的转向盘中点位置、转向盘的旋转角度，以及转向系统所处的状态（工作或停止），线控装调人员如何通过 CAN 报文调试线控转向系统呢？如何分析线控转向系统反馈的报文得到其状态呢？本任务将对这些问题进行解答。

线控转向系统的通信主要在于整车控制器（VCU）与线控转向系统电控单元（SBW-ECU）之间进行，包括整车控制器向 SBW-ECU 发送的信号和 SBW-ECU 向整车控制器反馈的信号两部分。整车控制器向 SBW-ECU 发送的信号主要是控制转向指令；SBW-ECU 向整车控制器反馈的信号主要有转向角度、电机电流以及 ECU 温度等信息。整车控制器与 SBW-ECU 之间的通信报文通常采用 Motorola 格式，通信波特率一般为 500kbit/s，帧格式为标准帧。

一、整车控制器向 SBW-ECU 发送 CAN 报文协议分析

不同的厂家整车控制器向 SBW-ECU 发送 CAN 报文的协议含义略有差别，报文协议通常见表 3-1，报文 ID 为 0x314，报文周期 100ms，报文长度为 8 字节（Byte，十六进制），其中，每个字节由 8 个比特（bit，二进制）构成，帧格式为标准帧。

表 3-1 整车控制器向 SBW-ECU 发送 CAN 报文的协议

字节		功能	含义
Byte0	bit0	1——工作，0——停止	bit0=1，ECU 进入工作模式；bit0=0，ECU 进入停止模式
	bit1	预留	bit1=0（默认）
	bit2	1——设置当前位置为"中位"，0——该命令失效	bit2=1，ECU 标定当前位置为角度中点，即 0 角度（bit2 生效的时候 bit0=0，即 Byte0=0x04）
	bit3	预留	bit3=0（默认）
	bit4-bit7	预留	bit4-bit7=0（默认）
Byte1	低字节	角度控制	角度旋转到当前数值对应的角度（-720°～+720°），逆时针旋转为正，顺时针旋转为负，0°为对应中点位置
Byte2	高字节		
Byte3-Byte7		预留	—

1）首字节（Byte0）的主要功能是来设置 SBW-ECU 的工作状态和角度中点位置标定，其中，bit0 可以设置 ECU 进入工作模式或者停止模式，当 bit0=1 时，ECU 进入工作模式，当 bit0=0 时，ECU 进入停止模式；bit2 可以用来设置转向盘的中点位置，当 bit2=1 时，ECU 标定当前位置为角度中点，即 0 角度（该命令生效的前提是 bi0=0），当 bit2=0 时，该命令失效；首字节 Byte0 的其余 6 位（bit1、bit3-bit7）为预留位，默认值都为 0。

2）第 2 个字节（Byte1）和第 3 个字节（Byte2）是用来设置转向盘旋转的角度，线控转向系统中转向盘旋转角度范围为-720°～+720°，逆时针旋转为正，顺时针旋转为负，其中，0°为对应中点位置。下面举两个例子进行说明：若转向盘逆时针旋转（CCW）80°，数值 80 换算成两字节 16 进制数，为 0x0050，由于第 2 个字节（Byte1）为低字节，第 3 个字节（Byte2）为高字节，则 Byte1=0x50，Byte2=0x00，因此，Byte1-Byte2 为 0x5000；若转向盘顺时针旋转（CW）80°，需先将数值 80 进行转换，即 $16^4-80=65456$，将数值 65456 换算成两字节十六进制数，为 0xFFB0，同理，根据 Byte1 和 Byte2 的字节高低情况，得 Byte1-Byte2=0xB0FF。

3）第 4~8 个字节（Byte3-Byte7）都为预留字节，其值默认都为 0x00。在进行调试的时候，只需要调试 SBW 的部分数据，CAN 报文中未涉及的字节默认为 0x00，未涉及的位默认为 0 即可。

进入手动模式，可进行以下操作：临时进入手动模式，只需要转向盘施加的力矩≥2N·m（转矩可设置），即可进入，进入后过段时间会重新回到转角控制模式（时间可设置）；一直

工作于手动模式，发送 00 00 00 00 00 00 00 00 报文即可。

二、SBW-ECU 向整车控制器发送 CAN 报文协议分析

不同厂家 SBW-ECU 向整车控制器发送 CAN 报文的协议含义略有差别，报文协议通常见表 3-2，报文 ID 为 0x18F，报文周期 100ms，报文长度为 8 字节（Byte，十六进制），其中，每个字节由 8 个比特（bit，二进制）构成，帧格式为标准帧。

表 3-2　SBW-ECU 向整车控制器发送 CAN 报文的协议

字节		定义	格式
Byte0	bit0	工作状态	bit0 = 1，ECU 当前为工作模式 bit0 = 0，ECU 当前为停止模式
	bit1	驱动部分状态	bit1 = 1，ECU 驱动部分烧毁 bit1 = 0，ECU 驱动部分正常
	bit2	故障检测状态	bit2 = 1，ECU 检测到故障 bit2 = 0，ECU 未检测到故障
	bit3	ECU 温度状态	bit3 = 1，ECU 检测到 ECU 温度过高（≥90℃） bit3 = 0，ECU 未检测到 ECU 温度过高
	bit4-bit7	预留	—
Byte1	低字节	当前角度	角度旋转到当前数值对应的角度（-720°~+720°），0°为对应中点位置，偏移量为 0
Byte2	高字节		
Byte3	低字节	电机电流/A	有效范围为 -60~+60A，偏移量为 0，精度为 0.001A
Byte4	高字节		
Byte5		当前转角速度	角速度 -90°/s，精度为 1°，有效范围为 -90°~+90°/s
Byte6		ECU 温度	0~120℃，偏移量为 0，精度为 1℃
Byte7		预留	0x00（默认）

1）首字节（Byte0）用来反馈 SBW-ECU 当前的状态。其中，bit0 表示的是 ECU 的工作与停止模式，当 bit0 = 1 时，ECU 当前为工作模式，当 bit0 = 0 时，ECU 当前为停止模式；其中，bit1 表示 ECU 驱动部分的状态，当 bit1 = 1 时，ECU 驱动部分烧毁，当 bit1 = 0 时，ECU 驱动部分正常；其中，bit2 表示 ECU 是否检测到故障，当 bit2 = 1 时，表示 ECU 检测到故障，当 bit2 = 0 时，表示 ECU 未检测到故障；其中，bit3 表示是否检测到 ECU 温度过高，当 bit3 = 1 时，ECU 检测到 ECU 温度过高（ECU 温度≥90℃），当 bit3 = 0 时，ECU 未检测到 ECU 温度过高；首字节（Byte0）的其余 4 位（bit4-bit7）为预留位，其值默认都为 0。

2）第 2 个字节（Byte1）和第 3 个字节（Byte2）用来反馈当前线控转向系统转向盘当前旋转的角度，转向盘旋转角度范围为 -720°~+720°，逆时针旋转为正，顺时针旋转为负，其中，0°为对应中点位置。下面举两个例子进行说明：若 SBW 向整车控制器反馈的报文中 Byte1-Byte2 = 0x5000，进行高低字节换位后，得到 SBW 反馈角度的 16 进制值为 0x0050，换算成十进制值为 80，80 在转向盘最大的旋转角度数值 720 以内，可知转向盘方向为逆时针

旋转，即当前转向盘逆时针旋转了80°；若SBW向整车控制器反馈的报文中Byte1-Byte2＝0xB0FF，进行高低字节换位后，得到SBW反馈角度的16进制值为0xFFB0，将其换算成十进制值为65456，65456大于转向盘最大的旋转角度数值720，可知转向盘方向为顺时针旋转，再进行计算，即$16^4-65456=80$，表示当前转向盘顺时针旋转了80°。

3）第4个字节（Byte3）和第5个字节（Byte4）用来反馈当前线控转向系统的电机电流，其有效范围为-60～+60A，精度为0.001A，偏移量为0，逆时针旋转为正，顺时针旋转为负。下面举两个例子进行说明：若转向盘为逆时针旋转时，SBW向整车控制器反馈的报文中，Byte3-Byte4＝0x50C3，进行高低字节换位后，得到SBW反馈电机电流的十六进制值为0xC350，换算成十进制值为50000，表示当前SBW的电机电流为50000×0.001A＝50A；若转向盘为顺时针旋转时，SBW向整车控制器反馈的报文中Byte3-Byte4＝0xB03C，进行高低字节换位后，得到SBW反馈电机电流的十六进制值为0x3CB0，由于转向盘是顺时针旋转，需先将数值15536进行转换，即$16^4-15536=50000$，表示当前SBW的电机电流为50000×0.001A＝50A。通常根据SBW反馈的报文，需先解析Byte1-Byte2这两字节，得知转向盘的旋转方向后，再来计算SBW的电机电流。

4）第6个字节（Byte5）用来反馈当前转向盘的转角速度。转角速度值最大为角速度-90°/s，精度为1°，有效范围为-90°～+90°/s。逆时针旋转为正，顺时针旋转为负。

5）第7个字节（Byte6）用来反馈当前SBW-ECU的温度。ECU温度范围为0～120℃，精度为1℃，偏移量为0。下面举个例子进行说明：若SBW向整车控制器反馈的报文中Byte6＝0x27，换算成十进制值为39，表示当前SBW-ECU的温度为39℃。

6）第8个字节（Byte7）为预留字节，默认其值为Byte7＝0x00。

> **小贴士：** 在进行调试操作前，应做好充足的准备，穿戴整齐，严格遵守安全技术操作规程，不嬉笑打闹，操作完成后，及时断电，保持良好的卫生环境。

【技能训练】

一、整车控制器向SBW-ECU发送CAN报文计算与调试

1）检查实训车辆线控底盘，保证传感器、控制ECU等都装配正常，再对底盘进行调试。用千斤顶将车辆举升，使驱动轮离开地面5～10cm

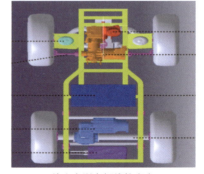

检查实训车辆线控底盘

（续）

2）查阅系统电路图，连接 CAN 分析仪，将 CAN-H 与总线 CAN-H 相连，CAN-L 与总线 CAN-L 相连，实现通信	 连接 CAN 分析仪
3）检查 CAN 分析仪指示灯，如果设备正在主动发送数据，那么在软件界面中就会收到 CAN 数据并且设备对应通道的 CAN 灯会闪烁	 检查 CAN 分析仪指示灯
4）打开计算机上的 CAN 调测软件（USB-CAN），选择设备操作下拉列表的启动设备。打开 CAN 设备手动发送协议指令，可以打开软件之后单击发送（可发送任意数据），显示发送成功说明波特率、终端电阻等通信参数设置正确，显示发送失败说明通信未成功，用户需从多方面考虑影响通信的因素	 打开 CAN 调测软件
5）整车控制器向 SBW-ECU 发送 CAN 报文，需选择 CAN1 发送报文，帧 ID 选择 0x314，发送周期为 100（单位为 ms），发送次数为 100，波特率选择默认的 500kbit/s，帧类型选择默认的"接收所有类型"	 选择波特率和帧类型

6）计算报文，进行线控系统测试

① 设置当前位置为转向系统中点

a. Byte0 的 bit2 用来设置转向盘的中点，且当 bit2 = 1 时，ECU 标定当前位置为角度中点，而 bit2 = 1 在 bit0 = 0 时才生效，所以 Byte0 = 0x04

b. Byte1-Byte2 用来设置转向盘旋转的角度，与转向盘中点设置无关，默认为 0x0000

c. Byte3 为预留字节，默认 Byte3 = 0x00；Byte4 为预留字节，默认 Byte4 = 0x00；Byte5 为预留字节，默认 Byte5 = 0x00；Byte6 为预留字节，默认 Byte6 = 0x00；Byte7 为预留字节，默认 Byte7 = 0x00

最终计算得到的报文 ID 为 0x314，数据为 0400000000000000

② 设置转向盘逆时针旋转 160°

a. 转向盘旋转时 SBW 处于工作状态，Byte0 的 bit0 用来设置 EPS 的工作与停止状态，且 bit0 = 1 时，SBW 为工作模式，所以 Byte0 = 0x01

b. Byte1-Byte2 用来设置转向盘旋转的角度，数值 160 换算成两字节十六进制数为 0x00A0，由于 Byte1 为低字节，Byte2 为高字节，则 Byte1 = 0xA0，Byte2 = 0x00，因此 Byte1-Byte2 = 0xA000

c. Byte3 为预留字节，默认 Byte3 = 0x00；Byte4 为预留字节，默认 Byte4 = 0x00；Byte5 为预留字节，默认 Byte5 = 0x00；Byte6 为预留字节，默认 Byte6 = 0x00；Byte7 为预留字节，默认 Byte7 = 0x00

最终计算得到的报文 ID 为 0x314，数据为 01A0000000000000

③ 设置转向盘顺时针旋转 160°

a. 转向盘旋转时 SBW 处于工作状态，Byte0 的 bit0 用来设置 SBW 的工作与停止状态，且 bit0 = 1 时，SBW 为工作模式，所以 Byte0 = 0x01

b. Byte1 ~ Byte2 用来设置转向盘旋转的角度，由于顺时针旋转为负，需先将数值 160 进行转换，即 $16^4 - 160 = 65376$，数值 65376 换算成两字节十六进制数，为 0xFF60，由于 Byte1 为低字节，Byte2 为高字节，则 Byte1 = 0x60，Byte2 = 0xFF，因此 Byte1 ~ Byte2 = 0x60FF

c. Byte3 为预留字节，默认 Byte3 = 0x00；Byte4 为预留字节，默认 Byte4 = 0x00；Byte5 为预留字节，默认 Byte5 = 0x00；Byte6 为预留字节，默认 Byte6 = 0x00；Byte7 为预留字节，默认 Byte7 = 0x00

最终计算得到的报文 ID 为 0x314，数据为 0160FF0000000000

7）发送计算得到的报文 注意：通过 CAN1 发送调试指令是以整车控制器的身份向 EPS/EHB/MCU 发送协议，因而会干预整车控制器当前指令，为避免冲突，调试前需断开整车控制器的 CAN 总线	 发送报文

8）车辆运动状态的检查。观察车辆的转向轮是否与发送报文指令一致

二、SBW-ECU 向整车控制器反馈的 CAN 报文的读取与分析

1）打开电源（点火开关） 将线控底盘实训车（台架）的点火开关置于 ON 档	 打开点火开关
2）连接 CAN 分析仪 ① 将 CAN 分析仪通过 USB 方口数据线连接 ② 计算机查阅系统电路图，连接 CAN 分析仪，将 CAN-H 与总线 CAN-H 相连，CAN-L 与总线 CAN-L 相连，实现通信	 连接 CAN 分析仪

(续)

3）检查 CAN 分析仪指示灯，如果设备正在主动发送数据，那么在软件界面中就会收到 CAN 数据，并且设备对应通道的 CAN 灯会闪烁

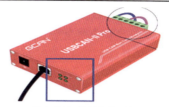
检查 CAN 分析仪指示灯

4）读取报文数据
① 打开笔记本上的 CAN 调测软件（USB-CAN），选择设备操作下拉列表的启动设备
② 读取 CAN 总线上数据，将数据格式调整为十六进制，找到 ID 为 0x314 与 0x18F 的两种报文，并且显示发送与接收正常，说明整车控制器与 SBW-ECU 之间通信正常
③ 获取报文
ID：0x18F，数据：010CFE8819001E00

读取报文数据

转向系统数据流读取

5）分析获取的报文
① Byte0=0x01，该字节 Byte0 用于反馈 SBW-ECU 的状态，0x01 表示仅字节 Byte0 的 bit0=1，其余位都为 0，解析其所代表的含义：SBW-ECU 当前为工作模式，且其驱动部分正常、未检测到故障、未检测到 ECU 温度过高
② Byte1-Byte2=0x0CFE，Byte1-Byte2 用于反馈转向盘此时旋转的角度，0x0CFE 先进行高低字节换位后为 0xFE0C，再换算成十进制值为 65036，65036 大于转向盘最大的旋转角度数值 720，可知转向盘为顺时针旋转，再次进行计算，即 $16^4-65036=500$，表示当前转向盘顺时针旋转了 500°
③ Byte3-Byte4=0x8819，Byte3-Byte4 用于反馈当前 SBW 的电机电流，0x8819 先进行高低字节换位后为 0x1988，再换算成十进制值为 6536，由于前面解析 Byte1-Byte2 得知，转向盘为顺时针旋转，则数值 6536 还需再次进行计算，即 $16^4-6536=59000$，表示当前 SBW 的电机电流为 59000×0.001A=59A
④ Byte5=0x00，用于反馈当前转向盘转向速度，表示当前速度为 0
⑤ Byte6=0x1E，Byte6 用于反馈 SBW-ECU 的温度，0x1E 换算成十进制数为 30，表示当前 SBW-ECU 的温度为 30℃
⑥ Byte7=0x00，为预留字节

6）分析得到的报文最终结论
通过以上分析，线控转向系统的状态：SBW-ECU 处于工作状态，电机电流为 59A，转向盘顺时针旋转了 500°，温度为 30℃ 且无故障

转向控制协议报文计算

【课后习题】

1. 整车控制器与 SBW-ECU 之间的通信波特率为（   ），报文采用 Motorola 格式，帧

格式为标准帧。

  A. 300kbit/s   B. 400kbit/s   C. 600kbit/s   D. 500kbit/s

2. （　　）主要功能是用来设置 SBW-ECU 的工作状态，其中，bit0 可以设置 ECU 进入工作模式或者停止模式。

  A. Byte0   B. Byte1   C. Byte2   D. Byte3

3. （　　）用来置转向盘旋转的角度。（多选题）

  A. Byte0   B. Byte1   C. Byte2   D. Byte3

4. （　　）用来反馈 SBW-ECU 的工作与停止状态。

  A. Byte0   B. Byte1   C. Byte2   D. Byte3

5. （　　）用来反馈 SBW 电机的电流。（多选题）

  A. Byte1   B. Byte2   C. Byte3   D. Byte4

任务三　智能网联汽车线控转向系统故障检修

【任务导入】

一辆智能网联汽车，车辆无法进行自动行驶，经技术人员初步检查为线控转向系统故障，需要进行调试维修。请你根据所学线控转向系统检修的基本知识，完成该车辆底盘线控转向系统的维修。

【任务目标】

素养目标	知识目标	能力目标
1. 培养以发展和辩证思维看世界的观念 2. 培养锐意创新和精益求精的工匠精神 3. 培养自主学习能力并具有创新精神	1. 了解线控转向系统的关键技术 2. 掌握线控转向系统的电路图 3. 掌握线控转向系统部件插接器的端子定义	1. 能够对线控转向系统进行故障诊断 2. 能够对线控转向系统进行故障排除 3. 能够正确使用诊断工具

【知识准备】

一、线控转向系统的关键技术

1. 传感器技术

智能网联汽车大量应用了电子控制技术。汽车电子控制系统的控制效果依赖于传感器对外部的信息采集和反馈的精度，传感器技术状态直接影响整个汽车电子控制系统的性能。汽车线控转向系统正常工作需要的相关传感器有车速传感器、角位移传感器、转矩传感器、侧向加速度传感器和横摆角速度传感器等。

2. 容错控制技术

汽车线控转向系统采用了容错控制技术，用以满足汽车的可靠性与安全性的要求。容错控制设计方法有硬件冗余方法和解析冗余方法两大类。硬件冗余方法主要是通过对重要部件及易发生故障部件提供备份，以提高系统的容错性能；解析冗余方法主要通过科学设计控制器的软件，来提高整个系统的冗余度，从而改善系统的容错性能。

汽车容错控制系统由故障容错分析模块、测量模块、执行模块和故障容错与处理模块组成，如图3-8所示。故障容错分析模块能够及时发现控制系统的故障，分离出发生故障的部位，估算出故障的大小和时间，判别出故障的种类，进行评估与决策。故障容错与处理模块根据故障检测与诊断信息，得知被控对象的结构与参数的变化情况，采取具体的容错控制措施。故障容错分析模块和故障容错与处理模块是汽车容错控制系统的主要组成部分。基于容错控制技术的汽车线控转向系统，在不影响系统控制功能的情况下，利用容错控制技术提高了转向系统的可靠性，保证汽车的安全性能和行驶状态。

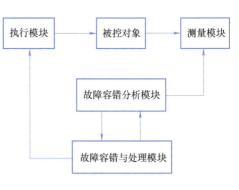

图3-8 汽车容错控制系统图

3. 电源技术

汽车电源承担着线控转向系统中电控单元、四个电机的供电。两个转矩反馈电机功率大约为50~80W，两个转向电机功率大约为500~800W，电源负荷比较重。因此，为了保证整个系统的稳定工作，对汽车电源提出了更高的要求。实验证明，对于特定的功率，电压值的提高可使系统电流减小，而小的电流可使导线上的损耗减少，从而可使用更细、更小的线束。提高电压值，也可以减少电器装置本身的体积、质量和损耗，有利于控制装置的小型化，提高集成度。因此，一些汽车制造商提出，可以将现有的汽车电源电压提高3倍，达到42V。42V电源的采用为发展汽车线控转向系统创造了条件：电机的质量减小了20%；减小了线束直径，降低了设计与使用成本，方便安装；降低了负载电流；提高了电子元件的集成度等。这些优点对线控转向系统开发具有至关重要的影响，必将大大推动汽车线控转向系统的电机以及相关部件的发展。

4. 总线技术

线控技术的全面应用意味着汽车由机械时代到电子系统的重大转变。线控技术要求网络的实时性好、可靠性高，而且一些线控部分要求功能实现冗余，以保证在出现一定的故障时仍可实现这个装置的基本功能，这就需要网络数据传输速度高、时间特性好和可靠性高。

早在20世纪80年代，国际上众多知名汽车公司就积极致力于研究汽车总线技术，随着汽车总线技术的发展，存在着多种汽车总线标准。这一类总线标准主要有时间触发协议TTP、Byteflight和FlexRay。TTP是一个应用于分布式实时控制系统的完整的通信协议，能够支持多种容错策略，具有节点的恢复和再整合功能；宝马公司的Byteflight可用于汽车线控系统的网络通信,既能满足某些高优先级消息需要时间触发,以保证确定延迟的要求,又能满足某些消息需要时间触发、需要中断处理的要求;其他汽车制造商目前计划采用 FlexRay,FlexRay 具有容错功能和确定的消息传输时间,能够满足汽车控制系统的高速率通信要求。目前,FlexRay 标准的物理层标准已经由飞利浦公司开发完成,通信协议正在研发中。该标准的出台不仅提高了信息传输的一致性、可靠性,还简化了信息开发和使用过程,降低了成本。从现在的发展来看,由于 FlexRay 是基于时间和事件的触发协议,要优于 TTP。基于总线技术的汽车线控转向系统,将传统的机械转向系统变成通过高速容错通信总线相连的电气系统,能够实现系统的自动化、智能化、网络化与信息化。

> **小贴士**:事物的发展,总是波浪式前进,螺旋式上升的。波浪式前进,因为它们永远都处在矛盾运动中,要在克服困难、挫折、障碍中一路向前,有起有落,有胜有败,逐渐走向远方;螺旋式上升,是指事物的发展从肯定到否定再到否定之否定,形成一个周期,每一周期的终点同时又是下一周期的起点,不断发展进步,一步步攀登上新的高峰。汽车技术的发展也是如此,离不开科学家与汽车企业的不断尝试,人们要充分发挥自己的才能,不断探索,勇攀高峰。

二、线控转向系统的电路分析

1. EPS 电路图分析

当点火开关处于 ON 档,EPS 控制器开始工作,当转向盘转矩转角传感器监测到转向盘转矩和转角后,将信息反馈至 EPS 控制器,EPS 控制器通过 CAN 总线访问当前车辆状态(车速、档位等)控制助力转向电机通电占空比及电流大小,实现不同车辆状态下的转向助力。再通过加装环境感知传感器、计算平台、CAN 协议调试,进而使 EPS 实现智能网联汽车的线控转向功能,其工作过程如图 3-9 所示。EPS 线控转向系统的工作电路图,如图 3-10 所示。

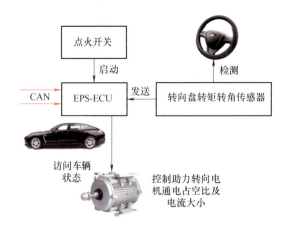

图 3-9 EPS 的工作过程

2. 线控转向系统(SBW)电路图分析

(1)单组 ECU 的线控转向系统分析 线控转向系统的工作过程如图 3-11 所示,其工作

项目三 智能网联汽车线控转向系统装调与检修

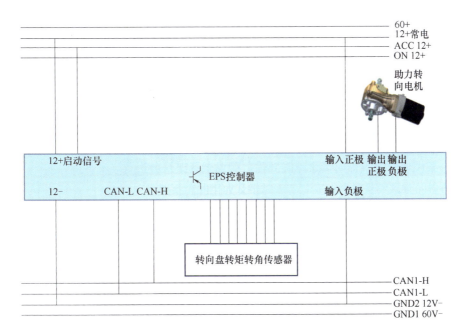

图 3-10 SBW 的工作电路图

过程：当点火开关处于 ON 档，SBW 控制器开始工作。当 SBW 控制器接收到转向指令后，结合当前车速和档位计算出需要的转角，控制转向执行电机工作，再通过角位移传感器反馈转向执行电机的转动角度是否正确，最终实现车辆自动转向。线控转向系统的电路图，如图 3-12 所示。

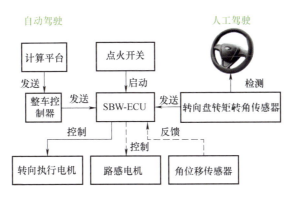

图 3-11 线控转向系统的工作过程

（2）三组 ECU 的线控转向系统分析 在冗余设计的三组 ECU 线控转向系统中，三组 ECU 同时对转向需求进行计算，以保证执行速度，并利用冗余来消除错误。在具体控制上，两侧的 ECU 分别控制两侧转向轮的转向电机。当电控出现故障时，离合器控制备用的机械转向系统介入，此时转换成机械转向，保证行车安全性和可靠性，其工作过程如图 3-13 所示。

三组 ECU 的线控转向系统工作时，当点火开关处于 ON 档，三组控制器开始工作。当

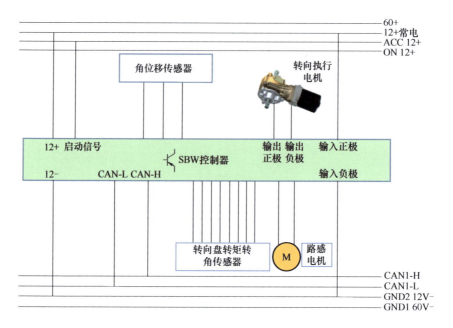

图 3-12 线控转向系统的电路图

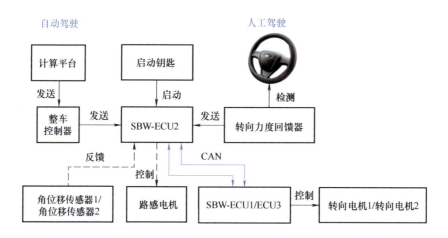

图 3-13 三组 ECU 的线控转向系统工作过程

控制器接收到转向指令后,结合当前车速和加速度计算出需要的转角,控制转向执行电机工作,再通过角位移传感器反馈转向执行电机的转动角度是否正确,最终实现车辆自动转向,其工作电路图如图 3-14 所示。

3. 线控转向系统部件插接器

SBW-ECU 上由四个插接器组成,分别为信号插接器、传感器插接器、电机插接器、电源插接器,如图 3-15 所示。其中,信号插接器通过 CAN 线与其他模块进行通信;传感器插接器与转矩转角传感器连接,用于监测转向盘转矩与转角;电机连接线连接至转向助力电机提供工作电源;电源插接器与辅助蓄电池连接。各部件端子定义见表 3-3。

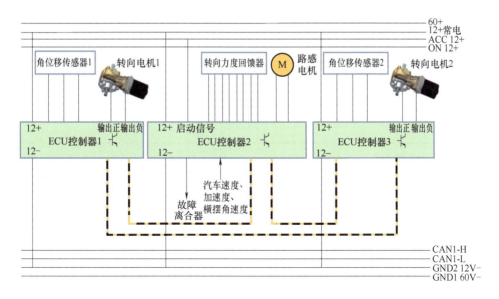

图 3-14 三组 ECU 的线控转向系统工作电路图

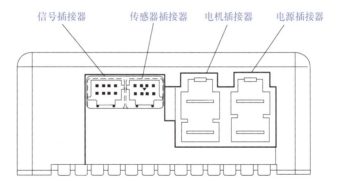

图 3-15 线控转向系统 ECU 插接器

表 3-3 线控转向系统各部件端子定义

名称	端子编号	端子定义	名称	端子编号	端子定义
信号插接器	1	—	传感器插接器	1	PWM
	2	—		2	PWM
	3	CAN-L		3	GND
	4	ON12+		4	5V
	5	—		5	5V
	6	—		6	GND
	7	—		7	TQ
	8	CAN-H		8	TQ
电源插接器	1	BATT+			
	2	BATT-			

【技能训练】

一、线控转向系统供电电源故障检修

读取报文

1. 故障现象

一辆配有底盘线控系统的车辆，转向无助力，利用 CAN-TOOL 分析仪读取报文，显示屏显示车身三级报警

故障码的读取

2. 故障分析

根据底盘线控系统的调试软件中报文信息显示，发现线控转向系统控制器输出报文的 CAN1 中 ID 0x18F 消失，经初步判断为线控转向系统控制器通信故障

故障码(10进制)	含义
18	电机V相过电流故障
23	电池包母线过电压故障
28	电机过热
29	电机控制器过热
30	电机温度故障
32	电机编码器故障
38	通信故障
41	转向电机故障
42	转向系统故障
49	电池包温度均衡故障
79	制动故障
83	车轮转速传感器故障
84	驱动故障
86	制动通信故障
87	转向通信故障
89	制动故障

查找故障码含义

3. 故障原因分析
1) 线控转向系统控制器电源故障
2) 线控转向系统控制器 CAN 通信故障
3) 线控转向系统控制器软件错误
4) 线控转向系统控制器故障

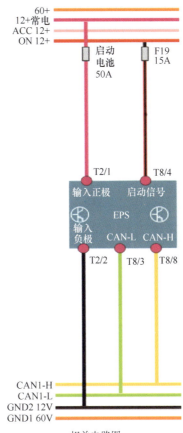

相关电路图

4. 故障诊断过程
1) 取下钥匙，拔下线控转向系统控制器插头，插上钥匙并置于 ON 档
2) 使用万用表蜂鸣档，测量线控转向系统控制器供电插头搭铁 T2/2 号端子和搭铁间通断，正常为导通状态
3) 使用万用表电压档，黑表笔接线控转向系统控制器供电插头搭铁 T2/2 号端子，红表笔接线控转向系统控制器信号插头 ON 供电 T8/4 号端子，正常测量值应为 12V 左右

测量线控转向系统控制器供电

检测信号插头供电电压

（续）

4）拔下 F19 熔丝，使用万用表电压档，黑表笔搭铁，红表笔接 F19 电压输入插座，正常测量值应为 12V 左右

5）使用万用表蜂鸣档，测量 F19 熔丝是否导通，正常为导通状态。如不导通，说明熔丝存在问题，需要更换熔丝

测量熔丝输入端电压

6）使用万用表蜂鸣档，测量 F19 熔丝电压输出插座和线控转向系统控制器信号插头 ON 供电 T8/4 号端子之间电路，正常为导通状态

7）经万用表测得，F19 熔丝电压输出插座和线控转向系统控制器信号插头 ON 供电 T8/4 号端子之间电路无穷大，存在断路故障，为线控转向系统控制器电源故障

检测是否存在断路故障

5. 故障排除

维修或更换相同型号的电路，车辆恢复正常状态，故障排除，撤除防护

二、线控转向系统 CAN 通信故障检修

1. 故障现象

一辆配有底盘线控系统的车辆，转向无助力，利用 CAN-TOOL 分析仪读取报文，显示屏显示车身三级报警

读取报文

2. 故障分析

根据底盘线控系统的调试软件中报文信息显示，发现线控转向系统控制器输出报文的 CAN1 中 ID 0x18F 消失，经初步判断为线控转向系统控制器通信故障

故障码(10进制)	含义
18	电机V相过电流故障
23	电池包母线过电压故障
28	电机过热
29	电机控制器过热
30	电机温度故障
32	电机编码器故障
38	通信故障
41	转向电机故障
42	转向系统故障
49	电池包温度均衡故障
79	制动故障
83	车轮转速传感器故障
84	驱动故障
86	制动通信故障
87	转向通信故障
89	制动故障

查找故障码含义

（续）

3. 故障的原因分析
1）线控转向系统控制器电源故障
2）线控转向系统控制器 CAN 通信故障
3）线控转向系统控制器软件错误
4）线控转向系统控制器故障

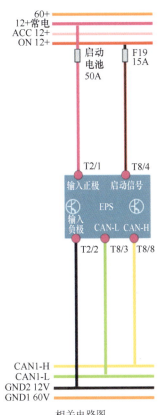

相关电路图

4. 故障诊断过程
1）取下钥匙，拔下线控转向系统控制器插头，插上钥匙并置于 ON 档
2）使用万用表的电压档，黑表笔接线控转向系统控制器供电插头搭铁 T2/2 号端子，红表笔接线控转向系统控制器信号插头 ON 供电 T8/4 号端子，正常测量值应为 12V 左右
3）若以上测量结果不正常，需要接着测量供电电路和熔丝 F19

测量线控转向系统控制器供电电压

测量 T8/4 号端子电压

(续)

4）使用万用表电压档，红表笔接线控转向系统控制器信号插头 CAN-H T8/8 号端子，黑表笔搭铁，正常测量值应为 2.55V 左右 5）使用万用表电压档，红表笔接线控转向系统控制器信号插头 CAN-L T8/3 号端子，黑表笔搭铁，正常测量值应为 2.46V 左右 6）若测量线控转向系统控制器的 CAN 总线、供电和搭铁都无异常，则需检查是否有线控转向系统控制器对应升级，若无，则需要更换线控转向系统控制器 7）经示波器或万用表测得，线控转向系统控制器信号插头 CAN-H T8/8 号电路存在断路故障，为线控转向系统控制器 CAN 通信故障	 测量 CAN-H T8/8 号端子电压  检测出 CAN-H T8/8 号电路存在断路故障

5. 故障排除
维修或更换相同型号的电路，车辆恢复正常状态，故障排除，撤除防护

三、线控转向系统转矩转角传感器故障检修

1. 故障现象 一辆配有底盘线控系统的车辆，转向无助力，利用 CAN-TOOL 分析仪读取报文，显示车身三级报警	 读取报文
2. 故障分析 根据底盘线控系统的调试软件中报文信息显示，发现线控转向系统控制器输出报文的 CAN1 中 ID 0x18F 转向角度传感器部分异常，经初步判断为转向角度传感器故障	故障码(10进制) 含义 18 电机V相过电流故障 23 电池包母线过电压故障 28 电机过热 29 电机控制器过热 30 电机温度故障 32 电机编码器故障 38 通信故障 41 转向电机故障 42 转向系统故障 49 电池包温度均衡故障 79 制动故障 83 车轮转速传感器故障 84 驱动故障 86 制动通信故障 87 转向通信故障 89 制动故障 查找故障码含义

（续）

3. 故障的原因分析
1) 转向角度传感器故障
2) 转向角度传感器电路故障
3) 线控转向系统控制器软件错误
4) 线控转向系统控制器故障

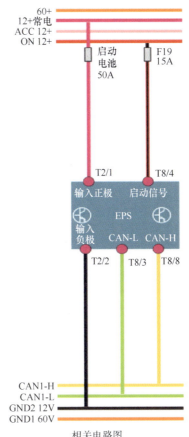

相关电路图

4. 故障诊断过程
1) 取下钥匙，拔下线控转向系统控制器插头，插上钥匙并置于 ON 档
2) 测量转矩转角传感器电源 1，使用万用表电压档，测量线控转向系统控制器插头的背部 T8/1 号和 T8/2 号端子之间的电压，正常数值应为 5V 左右
3) 测量转矩转角传感器电源 2，使用万用表电压档，测量线控转向系统控制器插头的背部 T8/5 号和 T8/6 号端子之间的电压，正常数值应为 5V 左右

测量 T8/1 号和 T8/2 号端子之间的电压

测量 T8/5 号和 T8/6 号端子之间的电压

（续）

4）测量转矩转角传感器转角信号1，使用万用表电压档，红表笔接线控转向系统控制器插头（背部）T8/3号端子，黑表笔搭铁，正常测量值应在0~5V范围内变化

5）测量转矩转角传感器转角信号2，使用万用表电压档，红表笔接线控转向系统控制器插头（背部）T8/4号端子，黑表笔搭铁，正常测量值应在0~5V范围内变化

6）测量转矩转角传感器转矩信号1，使用万用表电压档，红表笔接线控转向系统控制器插头（背部）T8/7号端子，黑表笔接铁，正常测量值应在0~5V范围内变化

7）测量转矩转角传感器转矩信号2，使用万用表电压档，红表笔接线控转向系统控制器插头（背部）T8/8号端子，黑表笔搭铁，正常测量值应在0~5V范围内变化

8）若测量线控转向系统控制器和转角传感器电源和信号正常，则需检查是否有线控转向系统控制器对应升级，若无，则需要更换线控转向系统控制器

9）经万用表测得，线控转向系统控制器传感器插头T8/1号端子和T8/2号端子电压为0，经检查发现T8/1号端子脱落

测量T8/3号端子的供电电压

测量T8/7号端子的供电电压

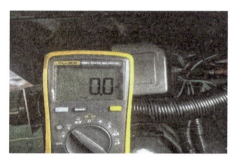
检测T8/1号端子和T8/2号端子电压

5. 故障排除
重新恢复脱落的端子，使车辆恢复正常状态，故障排除，撤除防护

【课后习题】

1.（   ）承担着控制器、两个执行电机以及其他车用电器的供电任务，其中，仅前轮转角执行电机的最大功率就有500~800W，加上汽车上的其他电子设备，电源的负担已经相当沉重。所以要保证电网在大负荷下稳定工作，（   ）就显得十分重要。（多选题）

　　A. 电源系统　　　　　　　　　　B. 自动防故障系统
　　C. 电源的性能　　　　　　　　　D. 转向盘模块

2. 为了满足汽车的可靠性与安全性的要求，汽车线控转向系统必须采用（   ），它包括硬件冗余方法和解析冗余方法两类。

　　A. 容错控制技术　　　　　　　　B. 传感器技术

C. 总线技术 D. 电源技术

3. 线控转向系统控制器上由四个插接器组成,分别为信号插接器、传感器插接器、电机插接器、电源插接器,(　　)与转矩转角传感器连接,用于监测转向盘转角与转矩。

A. 信号插接器 B. 传感器插接器
C. 电机插接器 D. 电源插接器

4. 线控转向系统控制器上由四个插接器组成,分别为信号插接器、传感器插接器、电机插接器、电源插接器,(　　)通过 CAN 线与其他模块进行通信。

A. 信号插接器 B. 传感器插接器
C. 电机插接器 D. 电源插接器

 【项目拓展】

线控转向系统发展状况与未来

线控转向技术实际上并非新事物,其概念早在 20 世纪 50 年代就出现了,但直到 20 世纪 90 年代,线控转向技术才有较大进展。2017 年,耐世特公司开发了由"静默转向盘系统"和"随需转向系统"组成的线控转向系统;2022 年,丰田纯电车型 bZ4X 及雷克萨斯 RZ 搭载线控转向系统,完全取消了转向盘和转向轴之间的机械连接,并在这两款车型上配备了和线控转向系统相适应的半辐转向盘。

由于线控转向系统相较电动助力转向系统完全没有机械连接,用户手握转向盘时将无法感受到车轮的振感影响操作手感,所以需要通过算法模拟振感提升用户车感。通过取消机械连接,完全以电信号传递转向信息的线控转向技术拥有快速响应、自适应操控力度、与车辆的安全系统和驾驶辅助功能紧密结合等优点。此外,线控转向技术在安全性、舒适性、节能环保等方面也较传统转向技术有一定的提升。

当然,线控转向技术也存在一些挑战和局限性,如能源消耗高,线控转向技术需要消耗电能来提供转向助力,对电动汽车的电池供电带来一定压力;高成本和复杂性,线控转向技术的研发、制造和维护成本较高,并涉及复杂的电子和控制系统。当然,由于线控转向没有机械连接,转向比完全可以靠软件随时调节,因此对同一车厂不同风格的车型可以多样适应,也可能会促进成本的降低;"路感"的还原难度,由于没有机械连接,所有的路感都是模拟出来的,若车厂线控转向技术水平不成熟,对于路感"真实性"的还原水平一般,那么可能就会折损"玩车"的乐趣。

可靠性与高成本是线控转向产品当前落地的主要障碍,高阶智能驾驶驱动下有望实现规模应用。线控转向硬件结构与 R-EPS 相似,主要区别在于软件算法复杂度大幅提升。目前,路感模拟、主动转向控制等核心技术尚不成熟,并且冗余备份带来额外硬件成本,阻碍线控转向落地。因此,预计短期内"EPS+冗余"将作为线控转向的替代品,满足 L3 及以下自动驾驶的需要。伴随 L3+自动驾驶渗透率提升,线控转向有望在高端车型上实现批量应用。随着线控转向技术成熟度提升、成本下降、高阶自动驾驶渗透率的进一步提升,线控转向有望得以普及,渗透率进一步提升。

【项目小结】

1. 知识小结

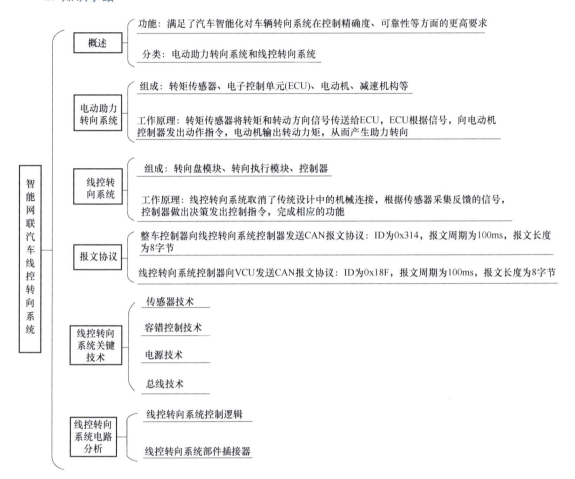

2. 技能小结

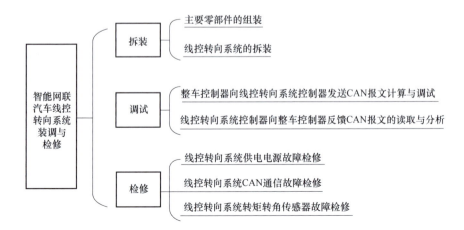

项目三 智能网联汽车线控转向系统装调与检修

【主题探究】

干一行,爱一行,专一行,精一行,工匠精神即在工作过程中执着专注、精益求精、一丝不苟、追求卓越的精神。弘扬工匠精神是新时代高质量发展的需要,弘扬工匠精神有助于发扬我国优良传统,有助于提高创新能力,加快建设制造强国。工匠精神不仅是大国工匠群体特有的品质,更是广大技术人才和广大职业学生群体,心无旁骛钻研技能所必备的素质和职业精神。

工匠精神应该始终贯穿整个学习和实训操作的过程中,如线控转向系统装配到最后一定注意确定轮胎朝向正前方,整车装配完成后,还要做转向调试和四轮定位后,才能上路,避免发生安全问题。寻找你身边的企业工匠或大国工匠,在班级讲述他们的成长经历和主要事迹,一起来探寻工匠精神的真谛。

项目四

智能网联汽车线控悬架系统维护与检修

  【项目描述】

随着汽车悬架技术的发展，人们对车辆乘坐舒适性、安全性和稳定性的要求越来越高，线控悬架在汽车上的应用也日益广泛。传统的汽车悬架是不可调整的，在行车中车身高度的变化取决于弹簧的变形。在汽车行驶过程中出现的制动、转弯、车载重量的变化等状况，会影响人们的乘坐舒适性、操纵稳定性和货物的完好率。线控悬架引入 ECU 和传感器等，能根据路面情况自动调节减振器的刚度和阻尼，进而获得更好的行驶舒适性，智能网联汽车线控悬架系统如图 4-1 所示。

图 4-1　智能网联汽车线控悬架系统

  【知识脉络图】

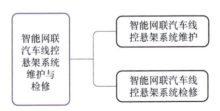

项目四 智能网联汽车线控悬架系统维护与检修

任务一 智能网联汽车线控悬架系统维护

【任务导入】

一辆智能网联实训汽车,线控悬架系统故障,需要进行拆装检查维护。作为某企业底盘线控装调人员,请你根据所学线控悬架系统的组成及维护知识,完成线控悬架系统的检查与维护。

【任务目标】

素养目标	知识目标	能力目标
1. 养成自觉遵守法律法规以及技术标准规定的习惯 2. 培养和同学之间良好的合作关系 3. 养成自主探究的精神	1. 掌握线控悬架系统的定义和分类 2. 掌握线控悬架系统的主要功能和设置 3. 了解线控悬架系统的优缺点	1. 能够正确指出线控悬架系统主要部件的位置 2. 能够查阅用户使用资料,正确使用和操作车辆 3. 能够为客户群体介绍线控悬架系统的相关知识

【知识准备】

一、线控悬架系统的概述

汽车悬架系统指由车身与轮胎间的弹簧和减振器组成的整个支持系统,能根据汽车的运行状况和路面情况做出反应,抑制车身的各种振动,使悬架始终处于最佳减振状态。悬架系统应有的功能是支持车身,改善乘客和驾驶人的乘坐舒适性,不同的悬架设置也会使驾驶人有不同的驾驶感受。

在汽车行驶过程中,由于路面的不平整或者汽车自身运动状态(加速、制动、转向)的改变,会使汽车表现出各种运动形态,包括车身的俯仰运动、侧倾运动和垂直振动等,如图4-2所示。

a) 加速制动时的俯仰运动

b) 转向时的侧倾运动

c) 路面不平的垂直振动

图 4-2 汽车行驶过程中的运动状态

93

汽车行驶过程中会出现以上几种运动状态，为了满足驾乘人员的乘坐舒适性和汽车的行驶平顺性的要求，这就对悬架系统提出了几点要求：需要悬架系统具有足够的强度，弹簧具有适当的刚度，能够根据载荷的变化而变化；具有足够的侧倾刚度；阻尼力可调节，使之具备良好的吸振性能；保证车轮正确的定位参数。

1. 线控悬架系统的定义

目前，悬架系统可以控制的参数包括车身高度、悬架弹簧刚度、减振器阻尼以及侧倾刚度等，以改善恶劣路况时行驶能力和高速操纵稳定性为目的的车身高度控制、舒适性和操纵稳定性为目的的减振器阻尼控制、舒适性和操纵稳定性为目的的弹簧刚度控制、驾驶人操纵稳定性为目的的侧倾刚度控制。

传统悬架系统结构确定之后，悬架的性能参数随即固定，如图4-3所示，它的悬架弹簧和阻尼器受到外部环境激励时，只能被动地做出反应，行驶平顺性和操纵稳定性不能随着外部行驶条件的变化而发生变化，由此出现了线控悬架系统。

线控悬架系统可依据车辆的实时运动情况和外界干扰输入，自主地调节悬架系统的性能参数，进而调整车身的运动姿态。例如，汽车在直线行驶且速度稳定时，具有良好的平顺性，在转向或制动状态时，具有良好的操纵稳定性，如图4-4所示。

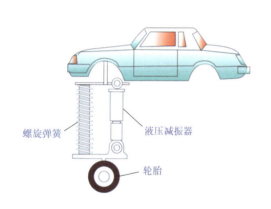

图4-3 传统的悬架系统

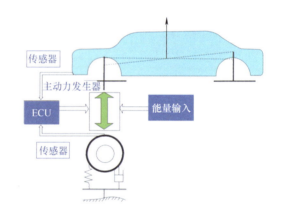

图4-4 线控悬架系统

2. 线控悬架系统的分类

（1）**按工作原理分** 线控悬架系统根据工作原理不同可以分为液压式、电磁式、空气式等，如图4-5所示。其中，液压式悬架系统是根据车辆行驶速度、车身振动、车轮跳动以及倾斜状态等信号，调节四个执行液压缸中液压油的量，以实现对减振器软硬程度及车身高度的调整。电磁式悬架系统是通过改变电流来改变电磁场的强度，进而达到控制阻尼系数的目的。空气式悬架系统是通过改变各空气弹簧中压缩空气的压力和体积来改变汽车减振系统的软硬和车身高度。

（2）**按外力介入程度分** 线控悬架系统根据工作原理不同可以分为被动悬架、半主动悬架和全主动悬架三类。被动悬架利用本身动力学特性承受车身重量和隔离车身与不规则路面间的相互作用，作为未施加控制的电控悬架使用时则属于从动悬架；半主动悬架主要构成为电控弹簧和阻尼减振器，线控弹簧作为主要支撑结构承担车身载荷，阻尼减振器消耗来自

a) 液压式　　　　　　　　b) 电磁式　　　　　　　　c) 空气式

图 4-5　线控悬架系统的分类

路面的冲击能量。调节过程为反馈调节，不具备前馈调节能力；全主动悬架配备有独立的执行器，可以施加额外的作用力，通过各类传感器将系统工作中各类状态信息提供给控制系统，根据车辆行驶实时工况对悬架的阻尼、刚度、高度和车身姿态等状态参数进行前馈调节和控制。

二、线控悬架系统的主要功能

对于传统的机械式悬架系统，其钢板弹簧的刚度、减振器的阻尼力以及车身高度都是固定不变的，只能被动地吸收因地面不平引起的车轮跳动，因而乘坐不太舒适。线控悬架系统装配了传感器、ECU 和执行器，能够根据不同的车速、行驶状态、装载质量以及乘客人数的变化，对弹性元件的刚度、减振器的阻尼力以及车身的高度等项目自动地进行无级调节，无须驾驶人员调节，大大提高乘坐的舒适性和操纵的稳定性。

1. 控制减振器的阻尼力

线控悬架系统采集车速传感器、转角传感器和车身高度传感器等信号，由悬架 ECU 计算和处理后，指令电磁式或步进电机式执行器动作，以调节减振器的阻尼力。当汽车急转弯、急加速和紧急制动时，能够抑制汽车后挫、点头和侧翻，防止汽车剧烈变化，提高车辆的操纵稳定性。

2. 调节弹性元件的刚度

线控悬架系统通过改变减振器弹性系数的方式，调节减振器的刚度，使汽车能够按照实际行驶的需要，自由地选择模式。

3. 调节车身的高度

如果汽车车身长时间离地面太高，在行驶过程中会感觉非常颠簸，好像没有安装减振器一样；如果车身离地面太低，行驶中汽车底盘下部容易碰撞凸起的地面，会使汽车无法行驶。线控悬架系统的主要功能是在各种工况下，使车身的高度始终保持在合理范围内。线控悬架系统通过控制空气压缩机、高度控制阀和排气阀动作，使空气弹簧自动压缩或伸长，从而降低或升高底盘的离地间隙，使车身保持在合适的高度上。当汽车高速行驶时，让车身高度降低，以减小空气阻力，提高操纵的稳定性；当汽车在坏路上行驶时，让车身高度增加，以提高汽车的通过性；当关闭点火开关时，因乘客和行李减少，又让车身高度降低，以保持良好的驻车状态。

三、工作模式的设置

有的新车存在急转弯时车身发抖的现象，更换相同型号的减振器后无效，产生原因可能是线控悬架系统的"软""硬"工作模式调整和选择不当。性能良好的空气悬架系统的标准：汽车制动不点头、加速不后仰、转弯不外甩、乘坐不晕车、坏路升高走、好路降低跑、普通路舒适、高速路安全。如果不符合这些要求，就要对系统进行设置或者修理。一般的线控悬架系统具有自动模式、舒适模式、动态模式、越野模式、提升模式中的一种或者多种。

1. 自动模式

在自动模式下（正常车身高度），减振器的特性将调整到本车的最佳状态。绝大部分车辆当车速高于 120km/h 行驶时，汽车的车身高度在 30s 内自动降低 15mm；当车速低于 70km/h 两分钟后，车身高度自动升高，或者在车速低于 35km/h 时立即降低。

2. 舒适模式

在舒适模式下（正常车身高度），减振器的特性将调整到舒适状态，不执行高速公路降低车身高度的功能。

3. 动态模式

在动态模式（车身高度比正常高度低 15mm）下，减振器自动调整为运动型配置，没有高速公路降低车身高度的功能。

4. 越野模式

越野模式又称为"野地模式"，当汽车在崎岖不平的路面上行驶时，可以选择野地模式。

5. 提升模式

提升模式又称为"高位模式"，车身高度比正常高度提升 15mm。当汽车低速行驶而且需要极高的离地间隙时，可以选择高位模式。在车速高于 100km/h 的情况下，系统会自动取消高位模式，返回到先前设置的模式；当车速不足 80km/h 时，可以用手动方式设置高位模式；当牵引挂车以 50km/h 的速度行驶时，自动取消高位模式，返回到先前设置的模式。

四、线控悬架系统的优缺点

线控空气悬架可以在不同的工况下，具有不同的弹簧刚度和减振器阻尼力，既能满足平顺性的要求，又能满足操纵稳定性的要求。

1. 线控悬架系统的优点

1）刚度可调节，可改善汽车转弯时出现的侧倾及制动和加速等工况下引起的车身点头和后挫等问题。

2）汽车载荷变化时，能自动维持车身高度不变。

3）碰到障碍物时，能瞬时提高底盘和车轮、越过障碍，使汽车的通过性得到提高。

4）保持车轮与地面良好的接触，提高车轮与地面的附着力，加速制动过程，缩短制动距离，增加汽车抵抗侧滑的能力。

2. 线控悬架系统的缺点

尽管线控悬架系统有诸多优点，但也存在一些不可避免的缺点：由于线控悬架系统的功能较多，导致其结构复杂，发生故障的概率和频率远远高于传统悬架系统。由于线控悬架系统控制单元要接收每一个车轮悬架传感器的数据,优化处理算法难度非常大,调节不好就会适得其反。

【技能训练】

线控悬架系统的基本检查主要有车身高度调节功能检查、减压阀检查、漏气检查和初始车身高度调节等。

一、线控悬架系统的车身高度调节功能检查

1)用轮胎气压表,检查轮胎气压。轮胎气压是否符合维修手册要求,如果气压异常,需要对气压进行调整,使轮胎气压处于规定范围内	 检查轮胎气压
2)查阅系统电路图,连接 CAN 分析仪,将 CAN-H 与总线 CAN-H 相连,CAN-L 与总线 CAN-L 相连,实现通信。检查线控悬架系统是否正常	 检查线控悬架系统
3)起动车辆	 起动车辆
4)检查完成高度调整所需的时间和汽车高度的变化 操作高度控制开关到开始排气需要 2s 左右,从开始排气到完成高度调节需要 20~40s,车高变化 10~30mm	 检查车身高度

二、线控悬架系统的减压阀和漏气检查

1）打开开关，短接高度控制插头的端子，强制压缩机工作	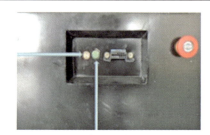 打开开关
2）压缩机短时间工作（3~5s）后，检查安全阀是否排空。如果排空不正常需要对系统进行检查	 检查安全阀
3）首先将高度控制开关转到"高"的位置，升高汽车高度，然后关闭发动机	 打开高度控制开关
4）在管子和软管的连接处抹上肥皂水，检查是否有漏气现象。如果有泄漏，需要更换元件处理	 检查漏气

【课后习题】

1. 典型的车身高度控制有停车水平控制、（　　）、自动水平控制。
   A. 任意工况高度控制　　　　　　B. 特殊行驶工况高度控制

C. 停车倾斜控制　　　　　　D. 胎压自动控制
2. 在自动模式下（正常车身高度），减振器的特性将调整到本车的（　　）状态。
A. 最佳　　　　B. 舒适　　　　C. 越野　　　　D. 运动
3. 在舒适模式下（正常车身高度），减振器的特性将调整到（　　）状态。
A. 最佳　　　　B. 舒适　　　　C. 越野　　　　D. 运动
4. 当汽车在崎岖不平的路面上行驶时，可以选择（　　）模式。
A. 最佳　　　　B. 舒适　　　　C. 越野　　　　D. 运动

任务二　智能网联汽车线控悬架系统检修

【任务导入】

一辆智能网联实训汽车，线控悬架系统发生故障，需要进行拆装维修。作为某企业底盘线控的装调人员，请你根据所学线控悬架系统的工作原理及维修知识，完成线控悬架系统的维修。

【任务目标】

素养目标	知识目标	能力目标
1. 养成自觉遵守法律法规以及技术标准规定的习惯 2. 培养和同学之间良好的合作关系	1. 掌握线控悬架系统的组成 2. 掌握线控悬架系统的工作原理 3. 了解线控悬架系统的工作特点	1. 能够正确进行线控悬架系统主要部件的拆检 2. 能够查阅用户使用资料，正确使用和操作车辆 3. 能够正确进行线控悬架系统常见故障的诊断与排除

【知识准备】

一、线控悬架系统的组成

线控悬架系统由模式选择开关、车速传感器、转角传感器、车身高度传感器、悬架ECU、可调阻尼减振器、空气压缩机、空气弹簧以及高度控制电磁阀等部件组成。

二、线控悬架系统的工作原理

线控悬架 ECU 采集的信号主要有车速、转向角度、压力信号、制动开关状态、车身垂直加速度、悬架模式选择、实际车身水平高度以及驾驶人选择的车身高度等。

线控悬架系统依据 ECU 采集的信号获得相关数据信息，自动调节悬架的刚度、阻尼以及车身高度，自动适应汽车不同载重量、不同道路条件以及不同行驶工况的需要，在保证车辆具有良好操纵性和燃油经济性的前提下，使汽车的舒适性得到进一步提高，它的控制原理图如图4-6所示。

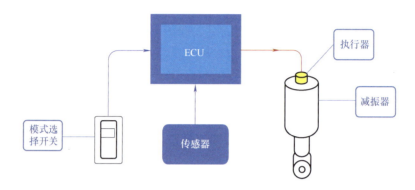

图 4-6 线控悬架系统的原理图

三、线控悬架系统的主要零部件

1. 模式选择开关

模式选择开关的功能是驾驶人根据汽车的行驶状况和路面情况选择悬架的运行模式，从而决定减振器的阻尼力大小。例如，某辆汽车的电控空气悬架系统设置了工作模式选择开关、车身高度选择开关和空气悬架启用开关三种模式选择开关。

2. 各类传感器

传感器主要包括车身加速度传感器、车身位移传感器、车速传感器、转向盘转角传感器、制动压力开关、制动灯开关、节气门位置传感器以及门控制开关等，通过以上传感器感知信号传递给ECU。

车身加速度传感器检测车身振动，间接地反映行驶路面状况和车身横向运动状况；车身位移传感器检测车身与车桥的相对位移，反映车身的平顺性和车身高度；车速传感器检测车轮速度，反映车速，计算车身的侧倾量；转向盘转角传感器检测转向盘转角，计算车身侧倾量；制动压力开关检测制动管路压力，判断汽车制动情况；制动灯开关检测制动灯电路通断，判断汽车制动状况；节气门位置传感器检测节气门开度，反映汽车加速状况；门控制开关检测门控灯电路通断，判断成员状况。

3. 执行器

执行器根据 ECU 的控制信号，准确、快速和及时地做出动作反应，实现对弹簧刚度、减振器阻尼或者车身高度的调节。

（1）**线控弹簧** 线控弹簧主要是调节车身高度和悬架刚度，主要应对越野路段和激烈驾驶场景，其组成通常包括储气罐、电磁阀、管路、空气泵、可调阻尼减振器、传感器及空气弹簧子系统。配备空气弹簧的车型可以在颠簸路况中通过改变车身高度，达到提升车辆通过性、减小离地间隙，进而减小风阻的作用。由于空气弹簧的作用介质为空气，气压变化存在一定滞后性，因此空气弹簧的高度调节不具备瞬时性。

（2）线控减振器 线控减振器主要调节悬架阻尼，调节对象通常为减振器内油液流速或油液黏度，主要构成有ECU、电磁阀、传感器和减振器等。由于电磁阀开度变化速度低于电磁液黏度变化速度，所以线控悬架的调节速度相对较快，其阻尼力也相对较大。

四、线控悬架系统的工作原理

当汽车在道路上行驶时，传感器将道路状况和汽车的速度、加速度、转向和制动等工况的电信号传递给线控悬架系统控制器ECU，ECU对传感器发送的电信号进行综合处理，输出控制信号到执行器，进而调整减振器阻尼系数、控制弹性元件刚度和车身高度等，其工作原理图如图4-7所示。

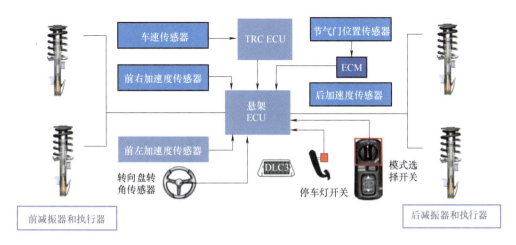

图4-7 线控悬架系统的工作原理图

对于车身高度的控制，可根据车内乘员人数或汽车装载情况自动调节车身高度，以保持车身具有稳定的行驶姿态。典型的车身高度控制有以下几种：

1. 停车水平控制

停车后，当车上载荷减少而车身上抬时，控制系统能自动地降低车身高度，用来减少悬架系统的负荷，改善汽车外观形象。

2. 特殊工况高度控制

汽车行驶于起伏不平度较大的路面时，主动升高车身高度，避免与地面或悬架磕碰；当汽车高速行驶时，主动降低车身高度，用来改善行车的操作稳定性。

3. 自动水平控制

车身高度不受载荷影响，保持基本恒定的姿态水平，使乘坐更加平稳，前照灯光束方向保持不变，提高行车安全性。

【技能训练】

线控悬架系统的不同车辆的拆装工艺差别较大，本文仅对故障诊断工艺进行学习。由于线控悬架的工作特性，配有线控悬架的车辆在维修举升过程中，极易造成损坏，因此在运输配有线控悬架的车辆时，车辆需调整到"装载模式"；利用升降台或者千斤顶维修装备举升车辆时，车辆需调整到"举升模式"。

一、装载模式的设置

1）连接与车辆匹配的故障诊断仪，选择合适的车型进入	 连接故障诊断仪
2）进入悬架系统控制单元，在自诊断中选择引导性故障查询	 进入悬架系统
3）输入线控悬架系统的地址码，选择功能装载模式，进入启用授权	 输入相应地址码
4）启用或者解除装载模式 注意：设置装载模式后，禁止调节轿车的车身高度	 启用举升模式

二、典型线控悬架系统的检修

1）前置条件：发动机已经起动，车门已经关闭	 起动发动机
2）设置方法：按压中控台上的车身高度调节开关。如果想让车身升高，可以向前轻按车身高度调节开关，车身高度会升高一个级别；如果想让车身降低，则向后轻按车身高度调节开关，车身高度会降低一个级别 关闭车身高度自动控制的方法：接通点火开关，向前按压车身高度调节开关 10~15s，然后松开车身高度调节开关，直到仪表盘多功能显示屏上显示"车辆水平控制功能关闭"	 中控台开关
3）状态显示：操作者所选择的车身高度由车身高度调节开关旁边的 LED 灯显示。在切换过程中，该 LED 灯闪烁，随后持续点亮。但是，自动切换的位置不会在仪表盘多功能显示屏上显示	 悬架指示灯显示
4）举升模式：如果需要使用千斤顶举升汽车，必须手动设置标准车身高度，然后关闭车身高度自动控制功能	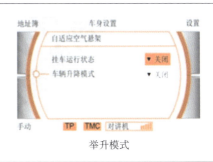 举升模式

【课后习题】

1. （　　）检测车身振动，间接地反映行驶的路面状况和车身横向运动状况。
   A. 车身位移传感器　　　　　　　　B. 车速传感器
   C. 转向盘转角传感器　　　　　　　D. 车身加速度传感器

2. （　　）检测车身与车桥的相对位移，反映车身的平顺性和车身高度。
   A. 车身位移传感器　　　　　　　　B. 车速传感器
   C. 转向盘转角传感器　　　　　　　D. 车身加速度传感器

3. （　　）检测车轮速度，反映车速，计算车身的侧倾量。
   A. 车身位移传感器　　　　　　　　B. 车速传感器
   C. 转向盘转角传感器　　　　　　　D. 车身加速度传感器

4. （　　）检测转向盘转角，计算车身侧倾量。
   A. 车身位移传感器　　　　　　　　B. 车速传感器
   C. 转向盘转角传感器　　　　　　　D. 车身加速度传感器

【项目小结】

1. 知识小结

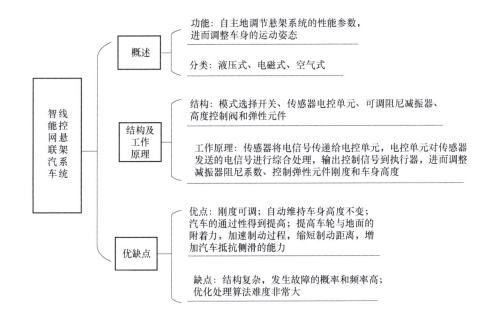

2. 技能小结

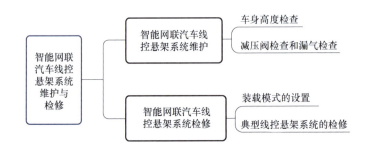

项目四　智能网联汽车线控悬架系统维护与检修

【主题探究】

安全意识关系到个人的生命安全和企业的稳定发展。在任何工作中，坚持安全第一，就是对人的生命负责，对企业负责，对国家负责。"预防为主"是实现安全的重要前提和方法，通过积极探索规律，采取有效预防和控制措施，做到防患于未然，就能将事故率降到最低。

对于汽车检测与维修人员来说，树立安全意识，首先要严格执行安全操作规程，坚持不打折扣、不变样；其次要养成严谨细致、精益求精的工作作风。和小组成员合作，一起总结汽车检测与维修过程中的安全隐患，并提出预防和消除的办法，制作成表格，张贴在实训或实习场所。

项目五

智能网联汽车线控制动系统装调与检修

【项目描述】

制动系统的性能直接影响汽车的行驶安全和乘客的生命安全。智能网联汽车在原有的汽车制动系统上,融合线控技术,开发出新的线控制动系统(Electric Wired Braking System,EWBS)。该系统将传统液压或气压制动执行元件改为了电驱动元件,有着可控性好、响应速度快的特点,有着良好的发展前景。在智能网联汽车中,可将线控制动系统通过整车控制器(VCU)与计算平台结合起来,通过计算平台替代驾驶人动作(踩制动踏板等),向汽车发送制动意图。例如,当汽车前方出现危险时,环境感知传感器将危险信息传递给计算平台,计算平台经分析计算后,向整车控制器发送请求执行制动信号,整车控制器将信号再次处理后,发送给线控制动系统,线控制动系统根据命令实现汽车的自动紧急制动,可防止交通事故的发生,如图5-1所示。线控制动系统除了可实现汽车的自动紧急制动外,还可以实现汽车的自适应巡航,使汽车始终与前车保持安全距离,增强自动驾驶的安全性。

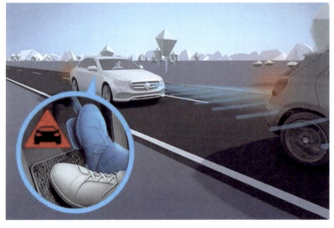

图 5-1 自动紧急制动系统

项目五　智能网联汽车线控制动系统装调与检修

【知识脉络图】

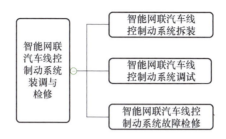

任务一　智能网联汽车线控制动系统拆装

【任务导入】

一辆 2021 年生产的一款智能网联实训汽车，底盘线控制动系统发生故障，需要进行拆装检查维修，你作为某企业底盘线控装调人员，被安排到了汽车制动系统维修与调试车间。请你根据所学底盘线控制动系统的构造、工作原理及检修等知识，完成底盘线控制动系统的拆装与检查。

【任务目标】

素养目标	知识目标	能力目标
1. 养成良好的行为规范和职业道德 2. 培养良好的团队意识及沟通交流能力 3. 养成善于思考、深入研究等良好的自主学习习惯，并培养创新精神	1. 了解线控制动系统的功能 2. 掌握线控制动系统的结构与工作原理 3. 了解线控制动系统典型车型应用	1. 能够制订底盘线控制动系统拆装计划 2. 能够正确使用底盘线控制动系统拆装工具 3. 能够独立拆装底盘线控制动系统零部件

【知识准备】

一、线控制动系统的概述

汽车制动系统是保证安全行车最重要的系统之一，其主要功用是使行驶中的汽车安全、

107

可靠地减速甚至停车，还能使下坡行驶的汽车速度保持稳定，使已停驶的汽车保持不动。汽车制动系统是指对汽车车轮施加一定的力，从而对其进行一定程度强制制动的一系列专门装置。一般在汽车上设有保障行驶中的车辆减速或停车，由驾驶人用脚操纵的行车制动系统；由驾驶人用手或脚操纵，用于使停驶的车辆驻留原地、防止溜坡的驻车制动系统和用于特殊情况下的应急制动、安全制动及辅助制动装置。除此之外，制动系统还具有辅助坡道起步、驱动防滑系统等功能。

1. 线控制动系统的功用

智能网联汽车线控制动系统的功能与传统汽车制动系统的功能一样，也是保证能够按照路况等条件进行强制减速直至停车，只是在结构上有所改变，即输入接口（制动踏板）和执行机构（制动执行器）之间是通过线控（电子信号）连接的，在它们之间没有直接的液压力或机械连接。

2. 线控制动系统的分类

目前，线控制动系统主要有两条技术路线：一条是需要制动液作为压力传递介质的线控制动系统，称为液压式线控制动系统（EHB）；另一条则是纯机械电子系统，即没有制动液参与的线控制动系统，称为机械式线控制动系统（EMB）。在两条技术路线的基础上，又衍生出混合线控制动（HBBW）系统，该系统的主流布置方式为前轴采用电子液压制动系统（EHB），后轴采用电子机械制动系统（EMB）。液压式线控制动系统的发展最为成熟，已处于量产阶段，使用最为广泛。

二、液压式线控制动系统

液压式线控制动系统根据制动增压技术方向的不同可分为电机直接助力制动主缸制动，电动伺服、制动主缸+电机助力制动副主缸制动，电液伺服和电机+高压蓄能器式电液伺服三类，本文仅对电动伺服、制动主缸+电机助力制动副主缸制动进行讲解。

1. 液压式线控制动系统的结构

液压式线控制动系统以传统的液压制动系统为基础，用电子器件取代了一部分机械部件的功能。与飞机的制动系统类似，制动踏板和制动主缸没有任何机械连接，汽车驾驶人的制动动作被踏板上的传感器转化成电子信号，或由环境感知传感器检测到障碍物，车载计算平台发送制动请求，电控单元接收到信号后，命令液压执行机构完成制动的操作。液压式线控制动系统能根据路面的附着情况和转速，为每个车轮分配最合理的制动力度，从而可以更充分地利用车轮和地面之间的摩擦力，使制动距离更短，制动过程更安全。

典型的液压式线控制动系统由制动踏板传感器、液压式线控制动系统 ECU、执行器机构等组成，如图 5-2 所示。液压式线控制动系统是在传统液压制动系统的基础上发展而来的，用一个综合的制动模块（电机、泵、高压蓄能器等）来取代传统制动系统中的压力调节系统和 ABS（制动防抱死系统）模块等，产生并储存制动压力，并可分别对四个车轮的制动力矩进行单独调节。

2. 液压式线控制动系统的工作原理

正常工作时，制动踏板与制动器之间的液压连接断开，备用阀处于关闭状态。电子踏板配有踏板感觉模拟器和电子传感器，电控单元可以通过传感器信号判断驾驶人的制动意图，并通过电机驱动液压制动泵进行制动。电子系统发生故障时，备用阀打开，液压式线控制动系统变成传统的液压制动系统。备用系统提高了制动系统的安全性，使车辆在线控制动系统失效时还可以进行制动，但是由于备用系统中仍然包含复杂的制动液传输管路，使液压式线控制动系统并不完全包含线控制动系统产品的优点。

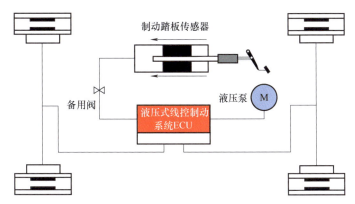

图 5-2　液压式线控制动系统的组成示意图

在智能网联汽车中，当选用自动驾驶模式时，驾驶人踩制动踏板的人工驾驶操作将变为计算平台向整车控制器发送制动意图的自动驾驶操作，即计算平台根据环境感知传感器反馈的路况等信息，向整车控制器发送请求制动信号，整车控制器经分析后将制动信号发送给液压式线控制动系统 ECU，液压式线控制动系统 ECU 通过电机驱动液压制动泵进行制动。

3. 液压式线控制动系统的优缺点

（1）液压式线控制动系统的优点　与传统的液压制动系统相比，液压式线控制动系统有了显著进步，其结构紧凑，改善了制动效能，控制方便可靠，制动噪声显著减小，不需要真空装置，有效减轻了制动踏板的反弹，提供了更好的踏板感觉。其主要优点如下：

1）液压式线控制动系统利用算法可以弥补部件的磨损和变形导致制动性能的衰退，使制动性能长期处于良好状态。

2）液压式线控制动系统可以根据各个车轮的转速和附着力为其分配最恰当的制动力度，这就做到了制动的高度灵活性和高效性。

3）液压式线控制动系统不但能够提供高效的常规制动功能，还能发挥包括 ABS 在内的更多辅助功能。

（2）液压式线控制动系统的缺点　由于液压式线控制动系统以液压为制动能量源，液压的产生和电控化相对来说比较困难，不容易做到和其他电控系统的整合；而且液压系统的重量对轻量化不利。

4. 典型液压式线控制动系统的应用

电动汽车比例不断提升、智能辅助驾驶和自动驾驶逐步推进，在电动汽车上，液压式线控制动系统替代 ESC（车身稳定控制）系统的步伐将比 ESC 替代 ABS 来得更快，很多电动汽车将从 ABS 跳过 ESC 直接搭载液压式线控制动系统，液压式线控制动系统市场前景广阔，已经成为零部件企业竞相研发的热点。

（1）博世 iBooster 系统　博世公司先后推出了两代新型智能助力器 iBooster，其结构如

图 5-3 所示。iBooster 的外形结构跟整车、液压管路及防火墙接口与传统系统相同，不同之处是采用智能线控电助力工作原理，数据交换处理能力更强大，动态增减压性能更优良，制动距离更短，并且可以满足制动能量回收和自动驾驶制动需求。该系统应用在特斯拉、大众全部新能源车、保时捷、凯迪拉克、本田 CRV、法拉第未来、比亚迪 e6 及蔚来 ES8 等车型上。

图 5-3 iBooster 结构

博世 iBooster 系统的主要组成如图 5-4 所示，驾驶人踩制动踏板开始制动时，iBooster 的踏板位移传感器检测到输入杆位移，并将位移信号发送至 ECU，ECU 计算出电机转矩需求，再由传动装置将该转矩转化为伺服制动力，伺服制动力与踏板输入力在制动主缸内共同转化为制动液压力。该系统采用齿轮-梯形丝杠减速增矩机构，将电机的转动转化为制动主缸活塞的直线运动，建立制动压力。制动踏板推杆与执行机构制动主缸活塞推杆之间通过间隙的方式进行一定程度的解耦。

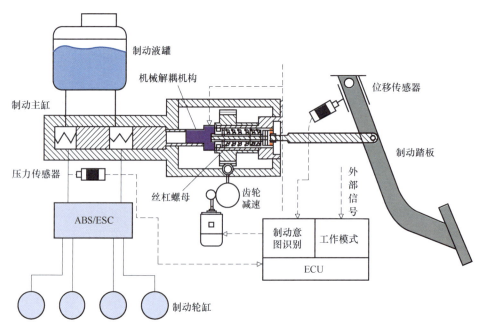

图 5-4 博世 iBooster 系统的主要组成

（2）亚太机电集成式电液线控制动系统（IEHB） IEHB 放弃了真空助力器，将制动主缸集成一体，同时具备 ABS、ESC 等电子制动系统的功能，其结构如图 5-5 所示。IEHB 采用液电一体化控制方式，实现了对各轮缸的制动力独立且线性控制，同时，还具有协调式制动能量回收功能。

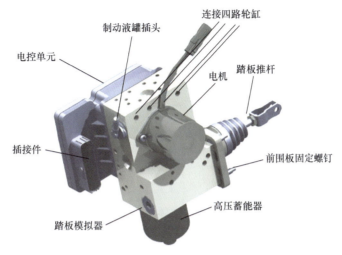

图 5-5 IEHB 总成的结构

三、机械式线控制动系统（EMB）

1. 机械式线控制动系统的结构

液压式线控制动系统虽然实现了线控制动功能，但是仍然依靠液压系统控制动作执行。在机械式线控制动系统中，所有的液压装置，包括主缸、液压管路、助力装置等均被电子机械系统替代，液压盘和鼓式制动器的调节器也被电机驱动装置取代。机械式线控制动系统主要由车轮制动模块、中央电子控制单元（EMB ECU）和电子踏板模块等组成，如图 5-6 所示。

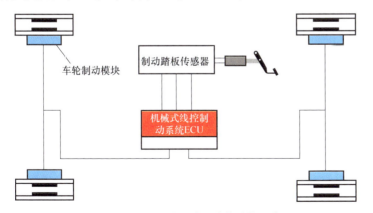

图 5-6 机械式线控制动系统的结构示意图

线控制动系统组成与原理

机械式线控制动系统没有传统制动系统的制动液及液压管路等部件，由电机驱动制动器产生制动力，是真正意义上的线控制动系统；机械式线控制动系统内没有液压驱动和控制部分，机械连接只是存在于电机到制动钳的驱动部分，由导线传递能量，数据线传递信号；其控制框图如图 5-7 所示。机械式线控制动系统的关键部件之一是电子机械制动器，按其结构特点和工作原理可以分为无自增力制动器和自增力制动器。

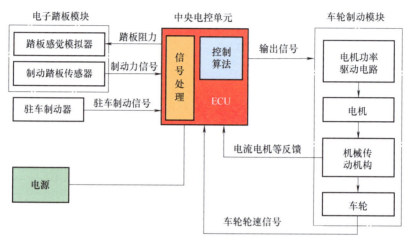

图 5-7　机械式线控制动系统控制逻辑图

（1）车轮制动模块　车轮制动模块由制动执行器、制动执行器 ECU、机械传动机构、传感器（主要有制动力传感器、车轮转速传感器）等组成。其中，制动执行器有两种设计方案：一是集成了力或力矩传感器；二是无集成力或力矩传感器。第一种方案可省去对制动力或制动力矩的计算，使系统变得更准确、可靠。但力或力矩传感器价格昂贵，而且集成困难。第二种方案需要根据电流或电机转子转角来估算制动夹紧力。但由于外界环境温度的变化及磨损的影响，不可能只根据电流或电机转子转角来计算夹紧力，需将两者结合起来才能收到好的效果。目前，比较先进的是第三代电子机械式盘式制动执行器。该执行器采用了电机内置的结构，其最大特点是模块化，整个机构分为驱动电机、行星齿轮减速部分、把螺旋运动变成丝杠直线运动的行星滚子螺旋传动部分三个独立模块。

（2）中央电控单元　中央电控单元是电子制动系统的核心，它要接收制动踏板发出的信号，控制制动器制动；接收驻车制动信号，控制驻车制动；接收车轮传感器信号，识别车轮是否抱死、打滑等，控制车轮制动力，实现防抱死和驱动防滑。由于未来车辆中各种控制系统，如卫星定位、导航、自动变速、无级转向和悬架系统等控制系统与制动控制系统高度集成，所以电控单元还得兼顾这些系统的控制。

（3）电子踏板模块　机械式线控制动系统取消了传统液压制动系统中机械式传力机构和真空助力器，取而代之的是踏板模拟器。踏板模拟器是用以感知驾驶意愿的传感器，它将作用在踏板上的力和速度转化为电信号，输送到中央电子控制单元。踏板模拟器的输入输出特性曲线应很好地符合驾驶人的驾驶习惯，并根据人机工程学设计，以提高舒适性和安全性。目前，已经应用的机械式线控制动系统相对以前制动系统的最大改进就是采用了踏板模拟器，有效地提高了制动响应速度。

2. 机械式线控制动系统的工作原理

电子制动踏板接收驾驶人踩踏板信息，制动力分配单元制订制动方案，以达到最短制动距离，然后以电信号的形式通过车载网络传递到制动执行单元实现制动。在智能网联汽车中，当选用自动驾驶模式时，驾驶人踩制动踏板的人工驾驶制动操作变为车载计算机平台向整车控制器发送制动意图的自动驾驶操作。整车控制器将制动意图再发送给机械式线控制动系统 ECU，进而实现对汽车的制动。

3. 机械式线控制动系统的优缺点

（1）机械式线控制动系统的优点　由于制动执行器和制动踏板之间无液压和机械连接，大大减少了制动器的作用时间，进而有效地缩短了制动距离；安装更简单、快速，无须制动液，有利于环保，也有助于提高系统的再利用性，同时也减轻了系统的重量；未采用常规制动系统的真空增压器，减少了所需的空间，底盘布局更加灵活；在 ABS 模式下踏板无回弹振动，几乎无噪声；可实现所有制动和稳定功能，如 ABS、EBD、TCS、ESP、BA、ACC等；可方便地与未来的交通管理系统联网。基于上述的优点，机械式线控制动系统技术肯定会得到大力发展，未来会向液压制动系统发起强有力的挑战。

（2）机械式线控制动系统的缺点　虽然机械式线控制动系统在原理和功能上有着非常突出的优势，符合电子化的潮流，前景一片看好，但在技术上还有很多缺点：由于去除了备用制动系统，机械式线控制动系统需要很高的可靠性，必须采用比液压式线控制动系统更可靠的总线协议；由于制动能量需求较大，需要开发大功率的高压电系统；制动器需要具有更好的安全性和可靠性，比如耐高温性等；需要更好的抗干扰能力，抵制车辆运行中遇到的各种干扰信号。

4. 典型机械式线控制动系统应用

目前，市场上并没有批量装车的机械式线控制动系统产品。20 世纪 90 年代，国外的一些著名汽车零部件制造商相继开始机械式线控制动系统的研发工作，如德国博世、美国天合、德国大陆特维斯、瑞典斯凯孚、瑞典瀚德、韩国现代等公司都取得了相关研究成果，并进行了实车试验。我国清华大学、吉林大学、北京理工大学、同济大学、南京航空航天大学等高校以及亚太机电、万向等零部件企业也开始了一些研究工作。

由于机械式线控制动系统具有制动响应高、布局空间灵活，安全性、舒适性、稳定性好等优点，将是自动驾驶线控制动的趋势。本书后续关于线控制动系统的装配、调试与检修中仅以液压式线控制动系统为例。

【技能训练】

一、线控制动系统主要零部件的组装

1）将制动电机控制器电路板装入电机壳体上的安装位置，紧固固定螺栓，按规定力矩拧紧

安装控制器电路板

（续）

2）将制动电机三个线圈端子连接至电机控制器电路板	 固定线圈端子
3）安装制动电机控制器壳体	 紧固控制器外壳
4）安装制动助力器阀体，阀体带直齿蜗杆，旋变编码器是检测踏板行程和转速的传感器 注意：一定要将助力器阀体推至最底部，以便同制动旋变编码器驱动轴安装孔对齐	 安装制动助力器阀体
5）将制动推杆与制动旋变编码器的驱动蜗杆总成装入线控制动壳体内，再安装回位弹簧和弹簧锁片螺栓 注意：安装弹簧锁片螺栓时，凸台应朝向回位弹簧	 安装回位弹簧
6）安装弹簧防尘套及与踏板连接的锁扣	 安装弹簧防尘套

（续）

7）将制动旋变编码器的蜗轮轴安装到装配孔，并用橡胶锤敲入，直到落入座体为止	 安装蜗轮轴
8）使用卡簧钳安装制动旋变编码器的固定卡簧	 安装固定卡簧
9）将驱动助力器阀体移动的蜗轮轴装入装配孔，同样用橡胶锤敲击装入到位	 安装移动蜗轮轴
10）安装制动旋变编码器法兰，紧固固定螺栓	 紧固固定螺栓
11）安装制动旋变编码器，紧固固定螺栓，并安装外罩壳，紧固壳体螺栓	 紧固壳体螺栓
12）将线控制动总成固定法兰装入安装位置，并紧固固定螺栓	 安装固定法兰

(续)

13）将制动主缸、受压阀体、调整垫片装入安装壳体上，并安装紧固螺栓，按规定力矩拧紧		
	安装制动主缸	
14）将助力驱动电机总成装入壳体安装位置，紧固固定螺栓，并按规定力矩拧紧		
	紧固总成	

二、线控制动系统的拆装

1）未举升车辆之前，按对角线用扭力扳手分别松开四个车轮轮胎固定螺栓		
	拧松轮胎固定螺栓	
2）将车辆举升到彻底离开地面位置，按对角线分别拆卸四轮轮胎螺栓，并将轮胎取下		
	拆卸四轮轮胎螺栓	
3）用梅花扳手拆卸制动轮缸油管固定螺栓，再取下密封圈。注意：制动液需按环保要求进行回收		
	拆卸油管固定螺栓	
4）拆卸制动钳及活塞总成固定螺栓，并将总成取下，然后取下制动摩擦片		
	拆卸摩擦片	

（续）

5）拆卸制动钳支架固定螺栓，并将制动钳支架取下 注意：依次拆卸其他三个制动钳支架、制动摩擦片、制动钳及活塞总成以及制动轮缸油管	 拆卸制动钳支架固定螺栓
6）分离线控制动器总成主插接器，然后分离制动旋变编码器插接器	 断开制动旋变编码器插接器
7）用呆扳手松开制动管路螺母 注意：根据国家环保要求，制动液需回收	 拆卸制动管路
8）拆卸线控制动器总成需要两人配合完成操作，一人在车外扶住线控制动器总成，另一人在车内分离制动灯开关插接器，然后拆卸制动踏板总成与线控制动器总成的固定螺母及锁销	 拆卸线控制动器总成
9）驾驶室内制动踏板总成取下后，另一个人将线控制动器总成从前机舱内取出。线控制动系统整车拆卸完成	 取出线控制动器总成

10）线控制动系统整车装复

按分解的相反顺序装复线控制动系统各零件。装复后添加制动液，并对制动系统进行排气操作。排气按照由远及近的原则，右后、左后、右前、左前的顺序进行排气。排气方法采用一人连续踩制动踏板，最后一下踩下踏板不松开，然后车外一人将制动轮缸上的排气孔螺栓松开，排除带有空气的制动液，以上过程连续操作3~5次，制动系统排气便完成

> **小贴士**：要牢固树立和践行绿水青山就是金山银山的理念，在生产操作过程中注重保护环境，促进人与自然和谐发展。由于制动液对生态环境污染十分严重，因此在工作中应严格按处理规程对制动液进行回收处理。

【课后习题】

1. 车轮制动模块由（　　）和制动执行器 ECU 等组成。
   A. 制动执行器　　B. 转向执行器　　C. 中央电控单元　　D. 电子踏板模块

2. （　　）的作用：接收制动踏板发出的信号，控制制动器制动；接收驻车制动信号，控制驻车制动；接收车轮传感器信号，识别车轮是否抱死、打滑等；控制车轮制动力，实现防抱死和驱动防滑。
   A. 制动执行器　　B. 转向执行器　　C. 中央电控单元　　D. 电子踏板模块

3. 机械式线控制动系统取消了传统液压制动系统中机械式传力机构和真空助力器，取而代之的是（　　）。它将作用在踏板上的力和速度转化为电信号，输送到中央电控单元。
   A. 制动执行器　　B. 踏板模拟器　　C. 中央电控单元　　D. 电子踏板模块

4. 目前已经应用的机械式线控制动系统相对以前制动系统的最大改进就是采用了（　　），有效地提高了制动响应速度。
   A. 制动执行器　　B. 踏板模拟器　　C. 中央电控单元　　D. 电子踏板模块

任务二　智能网联汽车线控制动系统调试

【任务导入】

一辆 2022 年生产的一款智能网联汽车，底盘线控制动系统发生故障，更换零部件后需要进行调试维修，你作为某企业底盘线控装调人员，被安排到了汽车制动系统维修与调试车间。请你根据所学线控制动系统调试的基本知识，完成底盘线控制动系统的检查与调试。

【任务目标】

素养目标	知识目标	能力目标
1. 养成良好的行为规范和职业道德 2. 培养良好的团队意识及沟通交流能力 3. 养成善于思考、深入研究等良好的自主学习习惯并培养创新精神	1. 掌握线控制动系统的通信原理 2. 掌握线控制动系统 CAN 报文含义 3. 掌握线控制动系统 CAN 报文发送方法	1. 能够制订底盘线控制动系统拆装计划 2. 能够将调试数据解析成 CAN 报文 3. 能够进行 EHB 调试

项目五 智能网联汽车线控制动系统装调与检修

 【知识准备】

智能网联汽车底盘线控系统安装完成后,为了保证其正常的运行,车辆需测试自动驾驶模式的制动(EHB)功能。通常情况下,为了保证安全,测试人员首先将车辆底盘升起一定高度,使车辆轮胎离开地面,车辆处于运行状态,档位选择前进档或倒档,使车轮处于正常旋转,测试人员操作调试软件下发制动指令、驾驶模式等进行测试。测试的同时,测试人员通过调试软件的显示界面,可分别查看到制动灯信号、工作状态、制动断电等信号。如何通过调试软件对车载计算机平台下发制动控制指令?又是如何查看车辆制动反馈信号?本任务将对这些内容进行讲解。

线控制动系统的通信主要在整车控制器(VCU)与制动系统电控单元(EHB-ECU)之间进行,包括整车控制器向 EHB-ECU 发送的信号和 EHB-ECU 向整车控制器反馈的信号两部分。整车控制器向 EHB-ECU 发送的信号主要是控制制动指令;EHB-ECU 向整车控制器反馈的信号主要有制动踏板开合、制动灯信号、EHB 工作状态、制动断电、故障等信息。整车控制器与 EHB-ECU 之间的通信报文通常采用 Motorola 格式,波特率一般为 500kbit/s,帧格式为标准帧。

一、整车控制器向 EHB-ECU 发送 CAN 报文协议分析

不同厂家整车控制器向 EHB-ECU 发送 CAN 报文的协议含义略有差别,报文协议通常见表 5-1,报文 ID 为 0x364,报文周期为 200ms,报文长度为 8 字节(Byte,十六进制),其中,每个字节由 8 个比特(bit,二进制)构成,帧格式为标准帧。

表 5-1 整车控制器向 EHB-ECU 发送 CAN 报文的协议

字节		功能	含义
Byte0		外部制动压力请求	压力行程请求,最大行程点为 125,最小行程点为 0,单位为个(当前将行程分成 125 个点)
Byte1	bit0	制动使能	0——未启动,1——使能
	bit1-bit3	预留	—
	bit4-bit7	工作模式请求	3——就绪,7——Run
Byte2		预留	—
Byte3	bit0-bit1	预留	—
	bit2	驾驶模式	0——人工(包括遥控器模式),1——自动
	bit3	预留	—
	bit4-bit5	整车控制器工作状态信号	0——未初始化,1——可靠的,2——降级(保留),3——故障
	bit6-bit7	钥匙使能信号	0——OFF,1——ACC,2——ON,3——CRANK
Byte4		预留	—
Byte5		预留	—

119

(续)

字节		功能	含义
Byte6		预留	—
Byte7	bit0-bit3	生命信号	—
	bit4-bit7	预留	—

1）首字节（Byte0）的主要功能是用来设置外部制动压力请求。该协议是通过压力行程请求，来实现控制制动压力的。当前将行程分成 125 个点，压力行程为 0~125，也就是最大行程点为 125，最小行程点为 0，单位为个。如根据当前车速和制动请求信号综合算得制动行程需要 80%，计算出行程点为 125×80% = 100，转化为十六进制数为 64，也就是说 Byte0 = 0x64。

2）第 2 个字节（Byte1）的主要功能是用来设置制动指令信号，包括制动使能和工作模式等信息，所以该字节的 8 个比特设置成不同的功用。其中，第 1 个比特（bit0）用来设置制动使能，当 bit0 = 0 时，EHB-ECU 不工作，当 bit0 = 1 时，EHB-ECU 接收使能信号；第 2~4 个比特（bit1-bit3）为预留位，默认都为 0；第 5~8 个比特（bit4-bit7）用来设置 EHB 工作模式，当 bit4-bit7 = 3 时，EHB 进入准备就绪模式，当 bit4-bit7 = 7 时，EHB 进入运行（Run）模式。

3）第 3 个字节（Byte2）、第 5 个字节（Byte4）、第 6 个字节（Byte5）、第 7 个字节（Byte6）均为预留字节，默认值都为 0。

4）第 4 个字节（Byte3）用来设置制动模式和整车控制器工作状态。其中，第 1 个比特（bit0）、第 2 个比特（bit1）和第 4 个比特（bit3）为预留位，默认都为 0；第 3 个比特（bit2）可设置驾驶模式，当 bit2 = 0 时，设置为人工驾驶模式（包括遥控器模式），当 bit2 = 1 时，设置为自动驾驶模式；第 5~6 个比特（bit4-bit5）设置整车控制器工作状态，当 bit4-bit5 = 0 时，VCU-ECU 控制模块为未初始化状态，当 bit4-bit5 = 1 时，VCU-ECU 控制模块处于工作可靠状态，当 bit4-bit5 = 2 时，VCU-ECU 控制模块处于降级功能受限状态，当 bit4-bit5 = 3 时，VCU-ECU 控制模块有故障；第 7~8 个比特（bit6-bit7）设置钥匙使能信号，当 bit6-bit7 = 0 时，钥匙使能信号设置为 OFF，当 bit6-bit7 = 1 时，钥匙使能信号设置为 ACC，当 bit6-bit7 = 2 时，钥匙使能信号设置为 ON，当 bit6-bit7 = 3 时，钥匙使能信号设置为 CRANK（起动）。

5）第 8 个字节（Byte7）用来设置整车控制器的生命信号，其中，bit0-bit3 用来设置生命信号，其他 4 位为预留位，默认为 0。

二、EHB-ECU 向整车控制器发送 CAN 报文协议分析

不同厂家 EHB-ECU 向整车控制器发送 CAN 报文的协议含义略有差别，报文协议通常见表 5-2，报文 ID 为 0x289，报文周期为 100ms，报文长度为 8 字节（Byte，十六进制），其中，每个字节由 8 个比特（bit，二进制）构成，帧格式为标准帧。

1）首字节（Byte0）的主要功能是用来反馈制动踏板开合度。制动踏板开合度用制动踏板制动行程来反映，制动踏板制动行程有效值范围为 0~100，表示制动踏板制动行程 0~100%。

项目五 智能网联汽车线控制动系统装调与检修

表 5-2 EHB-ECU 向整车控制器发送 CAN 报文的协议

字节		功能	含义
Byte0		制动踏板开合度	制动踏板制动行程有效值范围：0~100（表示 0~100%）
Byte1	bit0-bit1	预留	—
	bit2	制动灯信号	0——无效，1——有效
	bit3	预留	—
	bit4-bit6	工作状态	1——初始化，2——备用，3——就绪， 6——Run，7——失效，8——关闭
	bit7	EBS 工作状态	0——制动未触发，1——制动触发（控制器制动断电）
Byte2		制动压力	EBS 建立的主缸压力 0x00-0xFF，精度为 1bar，物理值范围为 0~255bar
Byte3	bit0-bit1	预留	—
	bit2	外部制动请求响应状态	0——踏板，1——CAN
	bit3	预留	—
	bit4	驾驶人干预信号	0——闲置，1——有效
	bit5	仪表警告灯	0——闲置，1——有效
	bit6	制动踏板是否被踩下	0——闲置，1——有效
	bit7	制动踏板是否被踩下有效	0——闲置，1——有效
Byte4	bit0-bit1	故障等级	00——无故障，01——一级故障（报警措施）， 10——二级故障（限制车速 20km/h，回去返修）
	bit2-bit7	预留	—
Byte5		预留	—
Byte6		故障码	0x00——无故障，0x01——未接收到制动请求，0x02——制动总泵电机过电流，0x03——压力传感器错误，0x20——制动总泵电机故障，0x40——电机驱动器故障，0x50——角度传感器故障，0x60——控制器硬件故障，0x07 控制器欠电压故障
Byte7	bit0-bit3	生命信号	—
	bit4-bit7	预留	—

2）第 2 个字节（Byte1）用来反馈制动灯信号和工作状态等，所以该字节的 8 个比特设置成不同的含义。其中，第 1 个比特（bit0）、第 2 个比特（bit1）、第 4 个比特（bit3）为预留位，默认都为 0；第 3 个比特（bit2）用来反馈制动灯信号，当 bit2=0 时，表示制动灯信号无效，当 bit2=1 时，表示制动灯信号有效；第 5~7 个比特（bit4-bit6）用来反馈 EHB-ECU 的工作状态，当 bit4-bit6=1 时，表示 EHB-ECU 处于初始化工作状态，当 bit4-bit6=2 时，表示 EHB-ECU 处于备用工作状态，当 bit4-bit6=3 时，EHB-ECU 的工作状态为就绪，当 bit4-bit6=6 时，EHB-ECU 的工作状态为 Run（运行），当 bit4-bit6=7 时，表示 EHB-ECU 为失效工作状态，当 bit4-bit6=8 时，表示 EHB-ECU 为关闭工作状态；第 8 个比特（bit7）反馈 EBS 工作状态，当 bit7=0 时，表示 EBS 制动未触发，当 bit7=1 时，表示 EBS 制动触发。

3) 第 3 个字节（Byte2）的主要功能是用来反馈系统制动压力。EBS 建立的主缸压力物理值范围为 0~255bar，精度为 1bar，利用十六进制表示 Byte2＝0x00-0xFF。

4) 第 4 个字节（Byte3）的主要功能是用来反馈外部制动请求响应状态、制动踏板状态、驾驶人干预信号和仪表警告灯等。其中，第 1 个比特（bit0）、第 2 个比特（bit1）、第 4 个比特（bit3）为预留位，默认都为 0；第 3 个比特（bit2）反馈外部制动请求响应状态，当 bit2＝0 时，外部制动请求信号为踏板，当 bit2＝1 时，外部制动请求信号为 CAN 总线；第 5 个比特（bit4）反馈驾驶人干预信号，当 bit4＝0 时，驾驶人未干预，当 bit4＝1 时，驾驶人采取干预措施；第 6 个比特（bit5）反馈仪表警告灯，当 bit5＝0 时，仪表警告灯闲置，当 bit5＝1 时，仪表警告灯有效；第 7 个比特（bit6）可反馈制动踏板是否被踩下，当 bit6＝0 时，制动踏板闲置，当 bit6＝1 时，制动踏板被踩下；第 8 个比特（bit7）反馈制动踏板被踩下的有效性，当 bit7＝0 时，制动踏板闲置，当 bit7＝1 时，制动踏板被踩下有效。

5) 第 5 个字节（Byte4）用来反馈故障等级。其中，第 1~2 个比特（bit0-bit1）反馈故障等级，当 bit0-bit1＝00 时，代表系统无故障，bit0-bit1＝01 时，代表系统为一级故障（报警措施），当 bit0-bit1＝10 时，代表系统为二级故障（限制车速 20km/h，回去返修）；其他 6 位为预留位，默认为 0。

6) 第 6 个字节（Byte5）为预留字节，默认值为 0。

7) 第 7 个字节（Byte6）用来反馈故障码。当 Byte6＝0x00，制动系统无故障；当 Byte6＝0x01 时，表示系统未接收到制动请求；当 Byte6＝0x02 时，表示制动总泵电机过电流；当 Byte6＝0x03 时，表示压力传感器错误；当 Byte6＝0x20 时，表示制动总泵电机故障；当 Byte6＝0x40 时，表示电机驱动器故障；当 Byte6＝0x50 时，表示角度传感器故障；当 Byte6＝0x60 时，表示控制器硬件故障；当 Byte6＝0x07 时，表示控制器欠电压故障。

8) 第 8 个字节（Byte7）用来反馈生命信号，其中，第 1~4 个比特（bit0-bit3）反馈生命信号，其他 4 位为预留位，默认为 0。

> **小贴士**：安全责任重于泰山。在进行调试作业前，要做好个人的安全防护，以免发生危险。如果需要进行拆装作业，则必须对管路系统进行泄压，确认安全无危险后，再进行操作。

【技能训练】

一、整车控制器向 EHB-ECU 发送 CAN 报文计算与调试

1) 检查实训车辆线控底盘，保证传感器、控制 ECU 等都装配正常，再对底盘进行调试。用千斤顶将车辆举升，使驱动轮离开地面

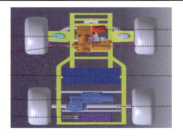

检查车辆线控底盘

(续)

2）查阅系统电路图，连接CAN分析仪，将CAN-H与总线CAN-H相连，CAN-L与总线CAN-L相连，实现通信	 连接CAN分析仪
3）检查CAN分析仪指示灯，如果设备正在主动发送数据，那么在软件界面中就会收到CAN数据，并且设备对应通道的CAN灯会闪烁	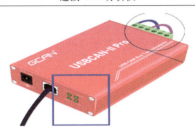 检查CAN分析仪指示灯
4）打开笔记本上的CAN调测软件（USB-CAN），选择设备操作下拉列表的启动设备。打开CAN设备手动发送协议指令，可以打开软件之后单击发送（可发送任意数据），显示发送成功说明波特率、终端电阻等通信参数设置正确，显示发送失败说明通信未成功，用户需从多方面考虑影响通信的因素	 打开CAN调测软件
5）整车控制器向EHB-ECU发送CAN报文，需选择CAN1发送报文，帧ID选择0x364，发送周期为200（单位为ms），发送次数为20（视情况可调整），波特率选择默认的500kbit/s，帧类型选择默认的"接收所有类型"	 选择波特率和帧类型

6）计算报文，进行线控制动系统测试，设置驾驶模式为自动驾驶，请求制动压力行程点为120

① Byte0 用来设置外部制动压力请求：将十进制数值120换算成十六进制数为78，也就是Byte0=0x78

② Byte1 用来设置制动使能和EHB工作模式请求：如使制动正常工作需先制动使能，则bit0=1；EHB工作模式请求设置为Run，则bit4-bit7=7，转换成二进制bit4-bit7=0111；其余位为预留位，默认为0，Byte1则等于11100001，换算成十六进制为0xE1，也就是Byte1=0xE1

③ Byte2 为预留字节，默认Byte2=0x00

④ Byte3 用来设置驾驶模式、VCU工作状态信号、钥匙使能信号：驾驶模式为自动，则bit2=1；整车控制器工作状态信号为可靠，则bit4-bit5=2，转换成二进制bit4-bit5=10；钥匙使能信号为CRANK（起动），则bit6-bit7=3，转换成二进制bit6-bit7=11；其余位为预留位，默认为0，Byte3则等于11010100，换算成十六进制为0xD4，也就是Byte3=0xD4

⑤ Byte4、Byte5、Byte6 为预留字节，默认Byte4=0x00，Byte5=0x00，Byte6=0x00

⑥ Byte7 生命信号，从0x00开始发送

最终计算得到的报文ID为0x364，数据为78E100D400000000

(续)

7）发送计算得到的报文 注意：通过 CAN1 发送调试指令是以整车控制器的身份向 EPS/EHB/MCU 发送协议，因而会干预整车控制器当前指令，为避免冲突，调试前需断开整车控制器的 CAN 总线	 发送报文

8）车辆运行状态的检查
观察车辆是否参与制动，制动状态是否与发送的报文一致

二、EHB-ECU 向整车控制器反馈的 CAN 报文的读取与分析

1. 打开电源（点火开关） 将线控底盘实训车（台架）的点火开关置于 ON 档	 打开点火开关
2. 连接 CAN 分析仪 1）将 CAN 分析仪连接好通过 USB 方口数据线连接 2）计算机查阅系统电路图，连接 CAN 分析仪，将 CAN-H 与总线 CAN-H 相连，CAN-L 与总线 CAN-L 相连，实现通信	 连接 CAN 分析仪
3. 检查 CAN 分析仪指示灯 如果设备正在主动发送数据，那么在软件界面中就会收到 CAN 数据，并且设备对应通道的 CAN 灯会闪烁	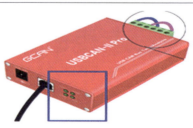 检查 CAN 分析仪指示灯

（续）

4. 读取报文数据

1）打开笔记本上的 CAN 调测软件（USB-CAN），选择设备操作下拉列表的启动设备

2）读取 CAN 总线上数据，将数据格式调整为十六进制，找到 ID 为 0x364 与 0x289 的两种报文，并且显示发送与接收正常，说明整车控制器与 EHB 控制单元 EBS 之间通信正常

3）获取报文
ID 为 0x289，数据为 5834000400000000

读取报文数据

5. 分析获取的报文

1）Byte0 = 0x58，该字节用来反馈制动踏板开合度，0x58 转换成十进制数为 88，代表制动踏板制动行程为 88%

2）Byte1 = 0x34，该字节用来反馈制动灯信号、EHB-ECU 工作状态等。0x34 转换成二进制数为 00110100，解析其所代表的含义：bit0-bit1 = 00，为预留位；bit2 = 1，代表制动灯信号有效；bit3 = 0，为预留位；bit4-bit6 = 011，转换成十进制为 3，代表 EHB-ECU 工作状态为就绪；bit7 = 0，表示 EBS 制动未触发

3）Byte2 为预留字节，默认 Byte2 = 0x00

4）Byte3 = 0x04 用来反馈外部制动请求响应状态、制动踏板状态、驾驶人干预信号和仪表警告灯等。将 0x04 转换成二进制数为 00000100，解析其所代表的含义：bit0-bit1 = 00，为预留位；bit2 = 1，代表外部制动请求响应状态为 CAN 信号；bit3 = 0，为预留位；bit4 = 0，驾驶人未干预；bit5 = 0，代表仪表警告灯闲置；bit6 = 0，bit7 = 0，代表制动踏板闲置

5）Byte4 = 0x00，用来反馈故障等级。代码 0x00 表示无故障

6）Byte5 为预留字节，Byte5 = 0x00

7）Byte6 = 0x00，用来反馈故障码。代码 0x00 表示无故障

8）Byte7 = 0x00，反馈生命信号，从 0x00 开始发送

6. 分析得到的报文最终结论

通过 CAN 信号进行制动请求，仪表警告灯闲置，制动踏板闲置，制动踏板制动行程为 88%，制动灯信号有效，ECU 处于就绪状态，无任何故障，节点 EHB-ECU 发送的 CAN 报文是可靠的，且生命信号从 0x00 开始发送

【课后习题】

1. 整车控制器与 EHB-ECU 之间的通信波特率为（　　），报文采用 Motorola 格式，帧格式为标准帧。

A. 300kbit/s　　　B. 400kbit/s　　　C. 600kbit/s　　　D. 500kbit/s

2. （　　）用来设置外部制动压力请求，压力行程请求，最大行程点为 125，最小行程点为 0，单位为个。

A. Byte0　　　B. Byte1　　　C. Byte2　　　D. Byte3

3. （　　）用来设置制动指令信号。

A. Byte0　　　B. Byte1　　　C. Byte2　　　D. Byte3

4. （　　）用来设置制动模式和整车控制器工作状态信号。

A. Byte0　　　B. Byte1　　　C. Byte2　　　D. Byte3

5. （　　）用来设置整车控制器的生命信号。

A. Byte0　　　　B. Byte1　　　　C. Byte7　　　　D. Byte3

6. Byte0用来反馈制动踏板开合度，制动踏板制动行程有效值范围为0～100，表示（　　）。

A. 0～100　　　B. 0%～100%　　C. 0～100%　　D. 0%～100

任务三　智能网联汽车线控制动系统故障检修

【任务导入】

一辆2022年生产的一款智能网联汽车，车辆无法自动行驶，经技术人员初步检查为底盘线控制动系统发生故障，需要进行调试维修，你作为某企业底盘线控装调人员，被安排到了汽车制动系统维修车间。请你根据所学线控制动系统调试的基本知识，完成该车辆底盘线控制动系统的维修。

【任务目标】

素养目标	知识目标	能力目标
1. 养成良好的行为规范和职业道德 2. 培养良好的团队意识及沟通交流能力 3. 养成善于思考、深入研究等良好的自主学习习惯并培养创新精神	1. 了解线控制动系统的关键技术 2. 掌握线控制动系统的电路图 3. 掌握线控制动系统部件插接器的端子定义	1. 能够对线控制动系统进行故障诊断 2. 能够对线控制动系统进行故障排除 3. 能够正确使用诊断工具

【知识准备】

一、线控制动系统关键技术

汽车制动系统的发展方向是去除整个液压系统，机械连接逐渐减少，制动踏板和制动器之间动力传递分离开，取而代之的是电线连接；最终发展为没有机械或液压后备系统的纯粹线控制动系统。在取消了备用系统以后，系统的可靠性要求更高，并且必须具有较高的容错性能。另外，线控制动系统要具有与现有系统一样的制动性能，且系统的使用寿命要长，易于维护、价格便宜，适合批量生产等。因此，线控制动系统需要在具有可靠能源来源的基础上，增强高容错性能的通信协议，增加相关硬件强化冗余控制能力等。

1. 强大的执行器能量来源

线控制动系统的制动器有鼓式制动器和盘式制动器两种。鼓式制动通常需要100W的功率，而盘式制动至少需要 1kW 的功率。传统车辆的 12V 低压电气系统难以支持执行电路制动的高功率要求。因此，低压电气系统需要提高电压等级或者使用高压电路来完成。目前，有些车辆使用了 42V 电压系统，还有部分车辆使用了高压电路，但是又需要解决高电压带来的安全问题。

2. 高容错性能

在完全取消了液压元件的制动系统中，由于没有独立的后备执行系统，虽然许多技术能提高容错系统的安全性，根本的方法还是要提供后备系统。当节点或电子控制单元出现故障时，在不破坏现有系统完整性的情况下，起用后备系统，容错程度应随应用场合不同而不同，但重要的传感器和控制器都应该有备份。另外，系统中每一个节点之间的串行通信必须支持容错。高容错性就需要开发相应的通信协议，因为现在车辆应用的一些普通通信系统（如 CAN 等）都不能满足高容错性的要求，所以需要开发一种新型的通信协议。目前，世界上对协议的研究比较多，有 TTP/C、FlexRay、TTCAN 等几种。

安全是永恒的发展任务，电信号传递更快、更可拓展，但是不如机械连接稳定。制动系统和自动驾驶对线控制动提出了以下两个层次的冗余要求：

1）制动系统本身必须具备可靠的安全失效模式。在 L3+级别自动驾驶尚未放量的当下，线控制动需求来源主要是新能源车型，安全稳定才是制动系统的第一要务。线控制动系统采用可靠的机械备份，即车载电源失效时启用纯液压助力，这也是线控制动系统容易被市场接受的关键因素。

2）自动驾驶必须具备电子冗余，不能单纯依靠机械冗余，否则要求驾驶人在短时间内接管车辆就会陷入责任划分的泥潭。因此，自动驾驶车型使用线控制动至少需要电子冗余+机械冗余的双安全失效模式才能满足法规要求。

3. 制动执行器的要求

装用电机控制的制动执行器，要求高性价比的半导体器件具有较好的高温性能，以承受在制动执行器附近产生的高温以及较高压力。在保证力学性能的基础上，需要开发重量轻、价位低、性能优的车辆制动器。

4. 抗干扰能力

车辆在运行过程中会有各种干扰信号，目前，常用的抗干扰控制系统有对称式和非对称式两种。对称式抗干扰控制系统是用两个相同的 CPU 和同样的计算程序处理制动信号，非对称式抗干扰控制系统是用两个不同的 CPU 计算制动信号。

> 小贴示：科学技术是第一生产力，随着汽车电子技术的发展，安全装置几乎武装了整个汽车，安全系数大为提高。但是再好的安全措施也要以人为前提，人的安全意识才是重中之重，才能防患于未然。

二、线控制动系统电路分析

1. 线控制动系统控制逻辑

线控制动系统电路图，如图 5-8 所示。线控制动系统的制动控制逻辑较为简单。当点火开关处于 ON 档，线控制动系统控制器（EHB ECU）开始工作，车载计算机平台接收到环境感知传感器、路测设备、云平台等相关信息后，进行运算处理，做出相应规划与决策，向线控制动系统控制器发出制动请求；线控制动系统控制器依据制动请求信号算出所需制动力，并采取制动措施；制动旋变编码器将监测到制动器的制动方向和速度反馈回线控制动系统控制器，线控制动系统控制器对执行结果进行分析计算，规划进一步动作。线控制动系统控制器与车载计算机平台之间通过CAN线进行通信，通信内容主要包含制动请求、制动踏板行程、制动断电等；线控制动系统控制器与制动旋变编码器的通信内容主要是制动器制动方向和速度等。

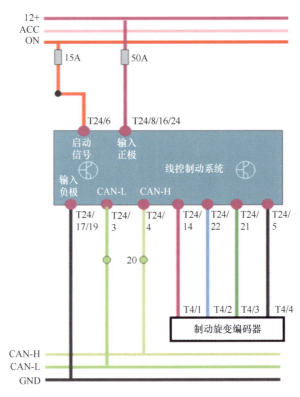

图 5-8 线控制动系统电路图

2. 线控制动系统部件插接器

线控制动系统主要插接器有线控制动系统控制器插接器和制动旋变编码器插接器。线控制动系统控制器插接器上有 24 个端子，外观如图 5-9a 所示，端子的排列顺序如图 5-9b 所示，端子定义见表 5-3。

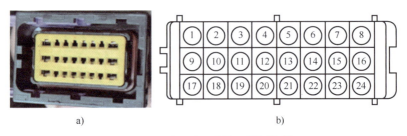

图 5-9 线控制动系统控制器插接器

表 5-3　线控制动系统控制器插接器端子定义

端子号	端子定义	端子号	端子定义
1	—	13	—
2	—	14	旋变负极
3	CAN-H	15	—
4	CAN-L	16	常电
5	旋变励磁	17	负极
6	ON	18	—
7	—	19	负极
8	常电	20	—
9	—	21	旋变信号
10	—	22	旋变信号
11	—	23	—
12	—	24	常电

制动旋变编码器用于监测制动行程、方向和速度，并将信号反馈至线控制动系统 ECU。制动旋变编码器插接器实物如图 5-10 所示，端子定义见表 5-4。

图 5-10　制动旋变编码器插接器

表 5-4　制动旋变编码器插接器端子定义

端子号	端子定义	端子号	端子定义
1	旋变负极	3	旋变信号
2	旋变信号	4	旋变励磁

【技能训练】

一、线控制动系统供电电源故障检修

1. 故障现象

一辆配有底盘线控系统的车辆，制动无助力，利用CAN-TOOL分析仪读取报文，显示车身三级报警

读取报文

故障码(10进制)	含义
18	电机V相过电流故障
23	电池包母线过电压故障
28	电机过热
29	电机控制器过热
30	电机温度故障
32	电机编码器故障
38	通信故障
41	转向电机故障
42	转向系统故障
49	电池包温度均衡故障
79	制动故障
83	车轮转速传感器故障
84	驱动故障
86	制动通信故障
87	转向通信故障
89	制动故障

查找故障码含义

2. 故障分析

根据底盘线控系统的调试软件中报文信息显示，发现线控制动系统控制器输出报文的CAN1中ID0x289消失，初步判断为线控制动系统控制器通信故障

3. 故障的原因分析

1）线控制动系统控制器电源故障
2）线控制动系统控制器CAN通信故障
3）线控制动系统控制器软件错误
4）线控制动系统控制器故障

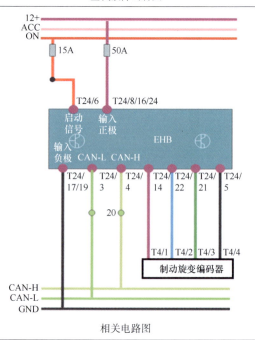

相关电路图

项目五 智能网联汽车线控制动系统装调与检修

（续）

4. 故障诊断过程

1）取下钥匙，拔下线控制动系统控制器插头，插上钥匙并置于 ON 档位

2）使用万用表欧姆档，测量线控制动系统控制器插头 T24/17 和 T24//19 号端子和搭铁之间电阻，电阻值 5Ω 以下正常

测量线控制动系统控制器供电

3）使用万用表直流电压档，黑表笔接线控制动系统控制器插头搭铁 T24/17 号端子，红表笔接线控制动系统控制器插头 ON 供电 T24/6 号端子，正常测量值应为 12V

4）拔下熔丝，使用万用表直流电压档，黑表笔搭铁，红表笔接熔丝电压输入端，正常测量值应为 12V

测量熔丝输入端电压

5）使用万用表电阻档，测量熔丝是否导通，正常为导通状态。若不导通，说明熔丝存在问题，需要更换熔丝

6）使用万用表电阻档，测量熔丝电压输出端和线控制动系统控制器插头 ON 供电 T24/6 号端子之间电路电阻值，电阻值 5Ω 以下正常

7）用万用表测得，熔丝电压输出端和线控制动系统控制器插头 ON 供电 T24/6 号端子之间电路电阻为无穷大，存在断路故障，为线控制动系统控制器电源故障

测量电路电阻

5. 故障排除

维修或更换相同型号的电路，车辆恢复正常状态，故障排除，撤除防护

二、线控制动系统 CAN 通信故障检修

1. 故障现象

一辆配有底盘线控系统的车辆，制动无助力，利用 CAN-TOOL 分析仪读取报文，显示车身三级报警

读取报文

2. 故障分析

根据底盘线控系统的调试软件中报文信息显示，发现线控制动系统控制器输出报文的 CAN1 中 ID0x289 消失，初步判断为线控制动系统控制器通信故障。

故障码(10进制)	含义
18	电机V相过电流故障
23	电池包母线过电压故障
28	电机过热
29	电机控制器过热
30	电机温度故障
32	电机编码器故障
38	通信故障
41	转向电机故障
42	转向系统故障
49	电池包温度均衡故障
79	制动故障
83	车轮转速传感器故障
84	驱动故障
86	制动通信故障
87	转向通信故障
89	制动故障

查找故障码含义

3. 故障的原因分析

1）线控制动系统控制器电源故障
2）线控制动系统控制器 CAN 通信故障
3）线控制动系统控制器软件错误
4）线控制动系统控制器故障

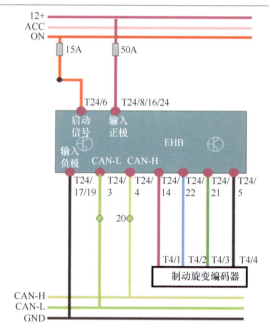

相关电路图

4. 故障诊断过程

1）取下钥匙，拔下线控制动系统控制器插头，插上钥匙并置于 ON 档位
2）使用万用表欧姆档，测量线控制动系统控制器插头 T24/17 号和 T24//19 号端子和搭铁之间的电阻，电阻值 5Ω 以下正常

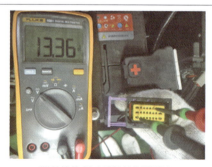

测量线控制动系统控制器供电

项目五 智能网联汽车线控制动系统装调与检修

（续）

3）使用万用表直流电压档，黑表笔接线控制动系统控制器插头搭铁 T24/17 号端子，红表笔接线控制动系统控制器插头 ON 供电 T24/6 号端子，正常测量值应为 12V

4）拔下熔丝，使用万用表直流电压档，黑表笔搭铁，红表笔接熔丝电压输入端，正常测量值应为 12V

测量熔丝输入端电压

5）使用万用表电阻档，测量熔丝是否导通，正常为导通状态。若不导通，说明熔丝存在问题，需要更换熔丝

6）使用万用表电阻档，测量熔丝电压输出端和线控制动系统控制器插头 ON 供电 T24/6 号端子之间电路电阻值，电阻值 5Ω 以下正常

7）使用万用表电压档，红表笔接线控制动系统控制器插头 CAN-H T24/4 号端子，黑表笔搭铁，正常测量值应为 2.55V 左右

测量 T24/4 号端子电压

8）使用万用表电压档，红表笔接线控制动系统控制器插头 CAN-L T24/3 号端子，黑表笔搭铁，正常测量值应为 2.48V 左右，实测电压值为 2.53V，电压异常

9）用万用表电阻档测得，线控制动系统控制器插头 CAN-L T24/3 号电路电阻值为无穷大，存在断路故障，线控制动系统 CAN 通信故障

测量 T24/3 号端子电压

5. 故障排除

维修或更换相同型号的电路，车辆恢复正常状态，故障排除，撤除防护

三、线控制动系统旋变编码器故障检修

1. 故障现象

一辆配有底盘线控系统的车辆，制动无助力，利用 CAN-TOOL 分析仪读取报文，显示车身三级报警

读取报文

(续)

2. 故障分析

根据底盘线控系统的调试软件中报文信息显示未踩下制动踏板，发现线控制动系统控制器输出报文的CAN1中ID0x289制动旋变编码器部分异常，可以判断为制动旋变编码器相关故障

故障码(10进制)	含义
18	电机V相过电流故障
23	电池包母线过电压故障
28	电机过热
29	电机控制器过热
30	电机温度故障
32	电机编码器故障
38	通信故障
41	转向电机故障
42	转向系统故障
49	电池包温度均衡故障
79	制动故障
83	车轮转速传感器故障
84	驱动故障
86	制动通信故障
87	转向通信故障
89	制动故障

查找故障码含义

3. 故障的原因分析
1）制动旋变编码器故障
2）制动旋变编码器电路故障
3）线控制动系统控制器软件错误
4）线控制动系统控制器故障

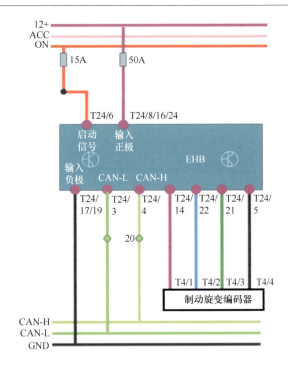

相关电路图

4. 故障诊断过程
1）取下钥匙，拔下线控制动系统控制器插头，插上钥匙并置于ON档位
2）使用万用表电阻档，测量制动旋变编码器插头搭铁T4/1端子和搭铁端子间电阻值，电阻值5Ω以下正常

测量T4/1端子和搭铁端子间电路电阻

（续）

3）使用万用表直流电压档，黑表笔接制动旋变编码器插头搭铁 T4/1 端子，红表笔接制动旋变编码器插头供电 T4/4 端子，电压正常测量值应为 5V 左右

4）使用万用表直流电压档，黑表笔接制动旋变编码器插头搭铁 T4/1 端子，红表笔接制动旋变编码器插头信号 T4/2 端子，测量旋变编码器信号电压，正常测量值应为 1.48V 左右

5）使用万用表直流电压档，黑表笔接制动旋变编码器插头搭铁 T4/1 端子，红表笔接制动旋变编码器插头信号 T4/3 端子，测量旋变编码器信号电压，正常测量值应为 3.5V 左右

6）取下钥匙，先拔下线控制动系统控制器插头，然后拔下制动旋变编码器插头

7）使用万用表电阻档，测量线控制动系统控制器插头 T24/14 和制动旋变编码器插头 T4/1 端子之间线束电阻值，电阻值 5Ω 以下正常

8）使用万用表电阻档，测量线控制动系统控制器插头 T24/22 端子和制动旋变编码器插头 T4/2 端子之间线束电阻值，电阻值 5Ω 以下正常

9）使用万用表电阻档，测量线控制动系统控制器插头 T24/21 端子和制动旋变编码器插头 T4/3 端子之间线束电阻值，电阻值 5Ω 以下正常

10）使用万用表电阻档，测量线控制动系统控制器插头 T24/5 端子和制动旋变编码器插头 T4/4 端子之间线束电阻值，电阻值 5Ω 以下正常

11）使用万用表电阻档，测量制动旋变编码器 T4/1 和 T4/2 间电阻，正常电阻为 47Ω；测量制动旋变编码器 T4/1 和 T4/3 间电阻，正常电阻为 47Ω；测量制动旋变编码器 T4/1 和 T4/4 间电阻，正常电阻为 6.3Ω

12）用万用表测得，制动旋变编码器插头 T4/1 端子和 T4/2 端子之间阻值为无穷大，存在断路故障，为制动旋变编码器故障

测量制动旋变编码器供电电压

测量 T4/3 端子信号电压

测量电路电阻值

测量制动旋变编码器自身电阻

5. 故障排除

维修或更换相同型号的制动旋变编码器，车辆恢复正常状态，故障排除，撤除防护

【课后习题】

1. 鼓式制动通常需要的功率是（　　）。
   A. 100W　　　　B. 50W　　　　C. 30W　　　　D. 10W
2. 盘式制动至少需要的功率是（　　）。
   A. 1kW　　　　B. 2kW　　　　C. 3kW　　　　D. 4kW
3. 线控制动系统控制器插接器上 CAN 线的端子号是（　　）。
   A. 1 和 2　　　B. 3 和 4　　　C. 5 和 6　　　D. 7 和 8
4. 制动旋变编码器的信号线端子号是（　　）。
   A. 1 和 2　　　B. 2 和 3　　　C. 3 和 4　　　D. 1 和 4

【项目拓展】

线控制动系统的发展状况与未来

机械式线控制动是最理想的线控制动技术，可将响应时间进一步缩短到 100ms 以下，机械式线控制动系统替代液压式线控制动系统是其发展趋势。由于机械式线控制动技术难度较大，目前商业化普及率不高，短期内还是以液压式线控制动系统替代传统液压制动系统为主。液压式线控制动系统根据集成度的高低，常用的有 Two-Box 和 One-Box 两种技术方案，如图 5-11 所示。One-Box 的集成度高于 Two-Box。由于集成度更高，"One-Box" 方案在体积和重量上占优，并且其售价一般低于 "Two-Box" 方案（例如伯特利的 One-Box 产品售价低于博世的 iBooster+ESP 的售价），更有利于替换传统液压制动系统，是目前的主流技术方案。

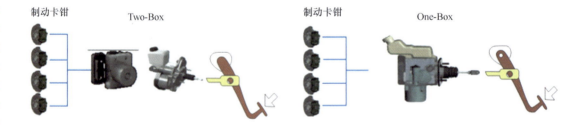

图 5-11　液压式线控制动系统分类

对于 L3 级及以上的自动驾驶系统，要求在出现单一故障的情况下，系统依旧能够提供制动或转向能力，以保证车辆能够进入安全状态，避免造成人身伤害。由于完成这一安全目标的责任方从驾驶人变成了自动驾驶系统，这意味着 One-Box 制动系统中依赖制动踏板输入的机械备份无法满足这一安全目标。Two-Box 相比较 One-Box 的最大优势在 L3 级自动驾驶工况下的制动冗余需求较好，而整车布局空间稍差一些。L3 级为有条件自动驾驶，也就是说它可以完全不需要驾驶人干预，但是有的时候又必须驾驶人干预。驾驶人和车辆自主控制之间如何相互接管就成了一大问题，因为这之间并没有一个明显的界定，而这也是相关法律法规最模糊的地方，假设出了交通事故，需要驾驶人和汽车共同承担责任，所以大部分厂商跳过 L3 级，直接进入 L4 级研发。

【项目小结】

1. 知识小结

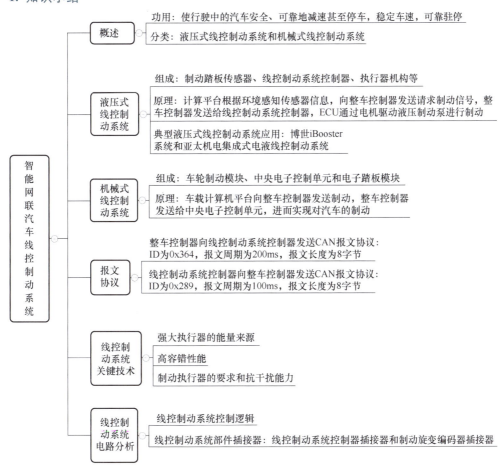

2. 技能小结

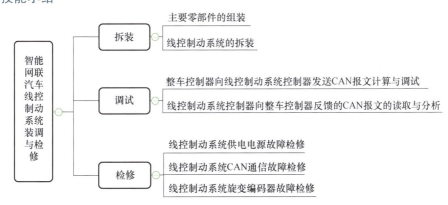

智能网联汽车底盘线控系统检修

【主题探究】

生态文明建设是关系中华民族的根本大计。党的二十大报告指出"尊重自然、顺应自然、保护自然，是全面建设社会主义现代化国家的内在要求。必须牢固树立和践行绿水青山就是金山银山的理念，站在人与自然和谐共生的高度谋划发展"。

环保意识应该始终贯穿整个汽车维修过程中，如制动液、助力液等都会对环境造成不可逆转的危害，在维修作业过程中，应严格按照处理规程对其进行回收处理。在汽车维修过程中，还有哪些环境污染的源头？如何把这种污染降低或者消除？与同学一起讨论、交流，并在实习过程中加以注意，为保护碧水蓝天做出我们应有的贡献。

参考文献

[1] 王令忠. 汽车底盘构造与维修［M］. 北京：北京邮电大学出版社，2016.
[2] 中国汽车工程学会国家智能网联汽车创新中心. 智能网联汽车底盘线控执行系统安装与调试［M］. 北京：机械工业出版社，2022.
[3] 韩东. 汽车底盘结构、原理与维修［M］. 北京：机械工业出版社，2017.
[4] 李东兵，杨连福. 智能网联汽车底盘线控系统装调与检修［M］. 北京：机械工业出版社，2021.
[5] 陈建军. 汽车底盘构造与维修［M］. 北京：中国劳动社会保障出版社，2015.
[6] 杨光明. 汽车底盘构造与维修［M］. 北京：化学工业出版社，2020.

智能网联汽车底盘线控系统检修

实 训 工 单

机械工业出版社

目 录

项目一　走进智能网联汽车底盘线控系统 ………………………………………… 1

　　任务一　智能网联汽车底盘线控系统认知 …………………………………… 1
　　任务二　底盘线控系统检修工具设备的使用 ………………………………… 6

项目二　智能网联汽车线控驱动系统装调与检修 …………………………… 10

　　任务一　智能网联汽车线控驱动系统拆装 …………………………………… 10
　　任务二　智能网联汽车线控驱动系统调试 …………………………………… 15
　　任务三　智能网联汽车线控驱动系统故障检修 ……………………………… 21

项目三　智能网联汽车线控转向系统装调与检修 …………………………… 31

　　任务一　智能网联汽车线控转向系统拆装 …………………………………… 31
　　任务二　智能网联汽车线控转向系统调试 …………………………………… 37
　　任务三　智能网联汽车线控转向系统故障检修 ……………………………… 44

项目四　智能网联汽车线控悬架系统维护与检修 …………………………… 54

　　任务一　智能网联汽车线控悬架系统维护 …………………………………… 54
　　任务二　智能网联汽车线控悬架系统检修 …………………………………… 59

项目五　智能网联汽车线控制动系统装调与检修 …… 64

任务一　智能网联汽车线控制动系统拆装 …… 64
任务二　智能网联汽车线控制动系统调试 …… 70
任务三　智能网联汽车线控制动系统故障检修 …… 76

项目一

走进智能网联汽车底盘线控系统

任务一　智能网联汽车底盘线控系统认知

任务名称		班级	
姓名		学号	
小组成员		组长姓名	
实训场地		总成绩	
一、接受工作任务		成绩：	
某整车生产厂家生产一款智能网联汽车，该车需要对底盘系统进行维护。作为底盘线控系统装调人员，请你根据所学知识，完成底盘线控系统的检查与维护。			
二、信息收集		成绩：	
1. 智能网联汽车的底盘线控技术是利用＿＿＿＿＿取代＿＿＿＿＿部件向执行机构传递信息。 　　2. 智能网联汽车底盘线控系统包括线控＿＿＿＿＿系统、线控＿＿＿＿＿系统、线控＿＿＿＿＿系统和线控悬架系统四个子系统。 　　3. 汽车横向运动是与车辆行驶方向垂直的运动，主要是线控＿＿＿＿＿系统控制。 　　4. 汽车纵向运动是指与汽车行驶方向相同的平动运动，纵向运动控制由线控＿＿＿＿＿系统和线控＿＿＿＿＿系统配合控制。			
三、制订计划		成绩：	
1. 请根据底盘线控系统的整体结构，制订底盘线控系统的认知作业计划。			

操作流程		
序号	作业项目	注意事项
1		
2		

(续)

序号	作业项目	注意事项
3		
4		

计划审核	审核意见：
	___年___月___日 签字：_____

2. 请根据作业计划，完成小组成员任务分工。

操作人		记录员	
监护人		展示员	

作业注意事项
① 实训前须检查车辆是否停放到位，举升装置是否安全有效。
② 实训时远离火源及可燃物，保证场地通风，避开雨雪天气。
③ 认知时，须确保场地无油污，工具规格相符。
④ 认知过程中严格遵守课堂纪律，严禁私自乱动举升装置。

检测设备/工具/材料			
序号	名称	数量	清点
			□已清点
			□已清点
			□已清点
			□已清点
			□已清点

四、计划实施	成绩：

1. 请完成底盘线控系统认知前的基本检查，并记录信息。

   1) 检查作业现场环境。

作业内容：

作业结果：

2）记录整车信息。

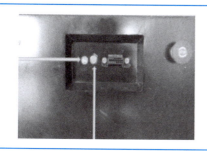

电源开关位置		□OFF	□ON
车辆基本信息	应急开关	□OFF	□ON
	遥控器开关	□OFF	□ON
	电源总开关	□OFF	□ON
	品牌_____，车型_____		

3）维修作业前检查仪表工具。

作业内容：

作业结果：

4）维修作业前实施车辆防护。

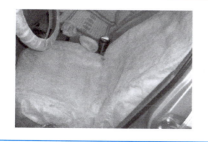

作业内容：

作业结果：

2. 请完成底盘线控系统认知流程，并记录信息。
1）线控转向系统的认知。

转向盘位置	
转向控制器位置	
转角传感器和转矩传感器位置	
转向电机和转向器位置	
安装状况	□正常　□异常

2）线控驱动系统的认知。

	驱动电机位置	
	加速踏板位置	
	档位选择器位置	
	加速踏板位置传感器位置	
	安装状况	□正常　□异常

3）线控制动系统的认知。

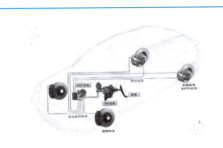	制动器位置	
	制动总成位置	
	制动踏板位置	
	安装状况	□正常　□异常

五、质量检查		成绩：	
学习任务	底盘线控系统的认知	学时	2学时
姓名	实训车型		年　月　日
标准时间	开始时间	完成时间	

序号	操作步骤		操作标准	操作记录	赋分标准	自评得分
1	检修前的基本检查	检查作业现场环境	检查清洁彻底，记录清晰、准确		2	
		记录整车基本信息			3	
		作业前检查工具			2	
		作业前实施车辆防护			3	
2	线控转向系统的认知	转向盘的位置及安装状况	工具选择、使用正确，按维修手册的工艺要求完成		10	
		转向控制器位置			5	
		转角传感器和转矩传感器位置			5	
		转向电机和转向器位置及安装状况			10	

(续)

序号	操作步骤		操作标准	操作记录	赋分标准	自评得分
3	线控驱动系统的认知	驱动电机位置及安装状况	工具选择、使用正确，按维修手册的工艺要求完成		5	
		加速踏板位置及安装状况			5	
		加速踏板位置传感器位置			10	
		档位选择器位置及安装状况			10	
4	线控制动系统和悬架系统的认知	制动系统主要零部件的位置及安装状况	工具选择、使用正确，按维修手册的工艺要求完成		15	
		悬架系统主要零部件的位置及安装状况			10	
5	场地恢复及现场5S管理		清洁整理工作台、地面及工具、量具		5	

六、评价反馈　　　　　　　　　　　　　　成绩：

请根据自己在课堂中的实际表现进行自我反思和自我评价。

自我反思：

自我评价：

任务二　底盘线控系统检修工具设备的使用

任务名称		班级	
姓名		学号	
小组成员		组长姓名	
实训场地		总成绩	

一、接受工作任务　　　　　　　　　　　　　　　成绩：

　　一辆智能网联汽车车辆因故障需返厂维修，经过车厂技术人员检查发现前向制动系统无法正常工作，需要对制动系统线路进行检测。根据你学习的底盘线控系统的基础知识，完成该车底盘线控制动系统的检测工作。

二、信息收集　　　　　　　　　　　　　　　　　成绩：

　　1. 万用表除了可以检测＿＿＿、电阻和＿＿＿等参数外，有的还可以检测转速、闭合角、频宽比、频率、压力、时间、电容、电感、温度和半导体元件等。
　　2. 数字示波器将采集到的＿＿＿信号转换变为＿＿＿信号记录下来，再通过显示屏重现。
　　3. CAN总线分析仪有＿＿＿和＿＿＿两个接入端口，每个端口有CAN-H、CAN-L和P（G）三个端子。

三、制订计划　　　　　　　　　　　　　　　　　成绩：

　　1. 请根据底盘线控系统常用检测工具的特点，制订常用检测工具的使用计划。

操作流程		
序号	作业项目	注意事项
1		
2		
3		
4		
计划审核	审核意见： 　　　　　　　　　　　　　　＿＿＿年＿＿＿月＿＿＿日　签字：＿＿＿	

　　2. 请根据作业计划，完成小组成员任务分工。

操作人		记录员	
监护人		展示员	
作业注意事项			

　　① 实训前须检查车辆是否停放到位，举升装置是否安全有效。
　　② 实训时远离火源及可燃物，保证场地通风，避开雨雪天气。
　　③ 认知时，须确保场地无油污，工具规格相符。
　　④ 认知过程中严格遵守课堂纪律，严禁私自乱动举升装置。

项目一　走进智能网联汽车底盘线控系统

（续）

检测设备/工具/材料			
序号	名称	数量	清点
			□已清点
			□已清点
			□已清点
			□已清点
			□已清点

四、计划实施	成绩：

1. 请完成底盘线控系统常用检测工具使用的基本检查，并记录信息。

1）检查作业现场环境。

作业内容：

作业结果：

2）维修作业前检查仪表工具。

作业内容：

作业结果：

2. 万用表的使用，并记录信息。

1）线控制动系统供电电压的测量。

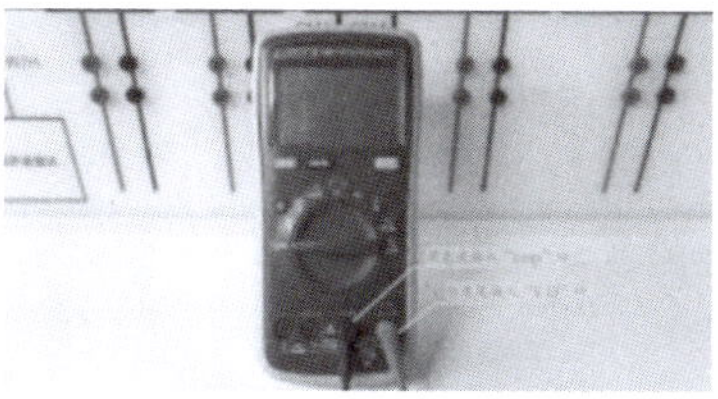

红色表笔插入	□V/Ω	□COM
黑色表笔插入	□V/Ω	□COM
档位、量程选择	□V− □V~	□5V □20V
测量值		

2) 线控制动系统电路导通的测量。

红色表笔插入	□V/Ω	□COM		
黑色表笔插入	□V/Ω	□COM		
档位、量程选择	□Ω	□A	□200	□20k
测量值				

3. 示波器的使用（测量 CAN 的波形），并记录信息。

探头接入	□CH1	□CH2
探头挂钩接入	□CAN	□搭铁
探头夹子接入	□CAN	□搭铁
判断波形是否正常	□正常	□异常

4. CAN 分析仪的使用（读取故障码），并记录信息。

选择接入通道	□CAN1	□CAN2
设置终端电阻	□120Ω	□240Ω
电路连接	□正常	□异常
判断是否正常	□正常	□异常

五、质量检查　　　　　　　　　　　　　　　　**成绩：**

学习任务		检修工具设备的使用		学时	2 学时
姓名		实训车型		年 月 日	
标准时间		开始时间		完成时间	
序号	操作步骤		操作标准	操作记录	赋分标准	自评得分

序号	操作步骤		操作标准	操作记录	赋分标准	自评得分
1	检修前的基本检查	检查作业现场环境	检查清洁彻底，记录清晰、准确		5	
		作业前检查工具			5	
2	万用表的使用	测量线控制动系统供电电压的	工具选择、使用正确，按维修手册的工艺要求完成		15	
		线控制动系统电路导通的测量			15	

(续)

序号	操作步骤		操作标准	操作记录	赋分标准	自评得分
3	示波器的使用	将探头探针的一端接被测信号，鳄鱼夹接信号地	工具选择、使用正确，按维修手册的工艺要求完成		5	
		通过示波器的 Auto setup 按键快速自动地获取波形			10	
		示波器的调节			10	
		测量 CAN 的波形			5	
4	CAN 分析仪的使用	选择接入通道	工具选择、使用正确，按维修手册的工艺要求完成		5	
		设置终端电阻			5	
		电路连接			5	
		程序的正确使用			10	
5	场地恢复及现场 5S 管理		清洁、整理工作台、地面及工具、量具		5	

六、评价反馈　　成绩：

请根据自己在课堂中的实际表现进行自我反思和自我评价。

自我反思：

自我评价：

项目二

智能网联汽车线控驱动系统装调与检修

任务一　智能网联汽车线控驱动系统拆装

任务名称		班级	
姓名		学号	
小组成员		组长姓名	
实训场地		总成绩	

一、接受工作任务	成绩：

某整车生产厂家正在生产一款智能网联汽车，你是底盘线控系统装配或调试人员，某天跟随师傅学习了线控驱动系统的组成与工作原理，师傅第二天要求你自主完成线控驱动系统中驱动电机的结构原理记录与驱动系统的安装调试工作。

二、信息收集	成绩：

1. 线控驱动系统将原来由＿＿＿＿＿＿驾驶人踩踏动作变成由＿＿＿＿＿＿精确传递驾驶人动作，且兼顾提高了动力性、经济性、操纵稳定性和乘坐舒适性。

2. 在智能网联汽车中，可将线控驱动系统通过＿＿＿＿＿＿与＿＿＿＿＿＿结合起来，通过计算平台替代驾驶人（踩加速踏板、操作换挡机构等）向汽车发送行驶意图。

3. 智能网联汽车的线控驱动系统由电机、＿＿＿＿＿＿、加速踏板、变速杆（或按键、旋钮）和＿＿＿＿＿＿等构成。

4. 在选用人工驾驶模式时，VCU 通过接收变速杆（或按键、旋钮）信号、加速踏板上的传感器信号等，判断汽车行驶方向和行驶速度，然后通过＿＿＿＿＿＿发送给＿＿＿＿＿＿，控制电机的转向和转速，并经机械传动装置驱动车轮使车辆行驶。

5. 在选用自动驾驶模式时，＿＿＿＿＿＿通过接收的各环境感知传感器反馈的信号，判断汽车行驶方向和行驶速度等，通过 CAN 总线发送给整车控制器，整车控制器经计算后再通过 CAN 总线发送给＿＿＿＿＿＿，控制电机的转向和转速，并经机械传动装置带动车轮使车辆行驶。

项目二　智能网联汽车线控驱动系统装调与检修

三、制订计划		成绩：	

1. 请根据线控驱动系统的整体结构，制订线控驱动系统的拆装作业计划。

操作流程		
序号	作业项目	注意事项
1		
2		
3		
4		

计划审核	审核意见： 　　　　　　　　　　　　　　　　　　　年　　月　　日　　签字：

2. 请根据作业计划，完成小组成员任务分工。

操作人		记录员	
监护人		展示员	

作业注意事项

① 实训前须检查车辆是否停放到位，举升装置是否安全有效。
② 实训时远离火源及可燃物，保证场地通风，避开雨雪天气。
③ 拆装时，严格遵守课堂纪律，严禁私自乱动举升装置。

检测设备/工具/材料			
序号	名称	数量	清点
			□已清点
			□已清点
			□已清点
			□已清点

四、计划实施		成绩：	

1. 请完成线控驱动系统拆装前的基本检查，并记录信息。
1) 检查作业现场环境。

作业内容：

作业结果：

2）记录整车信息。

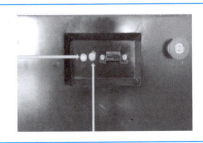

电源开关位置	□OFF □ON	
车辆基本信息	应急开关	□OFF □ON
	遥控器开关	□OFF □ON
	电源总开关	□OFF □ON
	品牌_____，车型_____	

3）维修作业前检查仪表工具。

作业内容：

作业结果：

4）维修作业前实施车辆防护

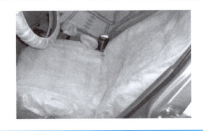

作业内容：

作业结果：

2. 请完成线控驱动系统的拆装操作流程，并记录信息。

1）拆装电机控制器总成。

序号	拆卸步骤	注意事项
1		
2		
3		
4		
5		
6		

2）拆装线控驱动系统。

序号	拆卸步骤	注意事项
1		
2		
3		
4		
5		
6		
7		

3. 请完成线控驱动系统主要零部件的检查操作流程，并记录信息。

1）检查驱动电机。

定子	□正常 □异常
转子	□正常 □异常
机座	□正常 □异常
结果判断	□继续使用 □更换

2）检查加速踏板位置传感器。

外观检查	□正常 □异常
传感器测量	□正常 □异常
结果判断	□继续使用 □更换

五、质量检查

成绩：

学习任务	线控驱动系统拆装		学时	2学时
姓名		实训车型		年 月 日
标准时间		开始时间		完成时间

序号	操作步骤		操作标准	操作记录	赋分标准	自评得分
1	检修前的基本检查	检查作业现场环境	检查清洁彻底，记录清晰、准确		2	
		记录整车基本信息			3	
		作业前检查工具			2	
		作业前实施车辆防护			3	

（续）

序号	操作步骤		操作标准	操作记录	赋分标准	自评得分
2	线控驱动系统主要零部件的组装	安装加速踏板位置传感器	工具选择、使用正确，按维修手册的工艺要求完成		10	
		安装整车控制器电路板			5	
		安装 IGBT 电路板			5	
		安装电机主控制电路板			5	
		安装电机控制器上端盖			5	
3	线控驱动系统的拆卸	拆卸车窗玻璃洗涤器储液罐	按维修手册的工艺要求完成拆卸工作		5	
		分离驱动电机控制器线束			5	
		拆卸驱动电机控制器			10	
		拆卸驱动电机			10	
4	安装	按分解的相反顺序装复线控驱动系统	按维修手册的工艺要求完成装复		25	
5	场地恢复及现场 5S 管理		整理工作场地及工量具		5	

六、评价反馈　　　　　　　　　　　　　成绩：

请根据自己在课堂中的实际表现进行自我反思和自我评价。

自我反思：_____

_____。

自我评价：_____

_____。

项目二　智能网联汽车线控驱动系统装调与检修

任务二　智能网联汽车线控驱动系统调试

任务名称		班级	
姓名		学号	
小组成员		组长姓名	
实训场地		总成绩	
一、接受工作任务		成绩：	

　　某整车生产厂家正在生产一款智能网联汽车，其中，驱动系统机械部分已经安装调整完毕。你作为标定人员，需要完成加速踏板模块的电气性能检测，并依据通信协议对线控驱动部分进行安装与测试，请你根据所学线控驱动系统调试的基本知识，完成CAN通信检测与报文测试。

二、信息收集	成绩：

　　1. 整车控制器向电机控制器发送CAN报文协议，报文ID为_____，报文周期为_____ms，报文长度为_____字节，其中，每个字节由_____个比特构成，帧格式为_____帧。

　　2. 整车控制器向电机控制器发送CAN报文协议，Byte0的主要功能是用来设置电机控制器_____信号和控制模式。

　　3. 电机控制器向整车控制器发送CAN报文协议，报文ID0x310，报文周期为_____ms，报文长度为_____字节，其中，每个字节由_____个比特构成，帧格式为_____帧。

三、制订计划	成绩：

　　1. 请根据线控驱动系统调试的知识，制订线控驱动系统调试作业计划。

操作流程		
序号	作业项目	注意事项
1		
2		
3		
4		
5		
计划审核	审核意见：_____ _____ ____年____月____日　　签字：_____	

15

2. 请根据作业计划，完成小组成员任务分工。

操作人		记录员	
监护人		展示员	

作业注意事项

① 实训前须检查车辆是否停放到位，举升装置是否安全有效。
② 实训时远离火源及可燃物，保证场地通风，避开雨雪天气。
③ 调试时，须确保场地无油污，工具规格相符。
④ 拆检过程中严格遵守课堂纪律，严禁私自乱动举升装置。

检测设备/工具/材料

序号	名称	数量	清点
			□已清点
			□已清点
			□已清点
			□已清点
			□已清点

四、计划实施	成绩：

1. 请完成线控驱动系统调试前的基本检查，并记录信息。
1) 检查作业现场环境。

作业内容：

作业结果：

2) 记录整车信息。

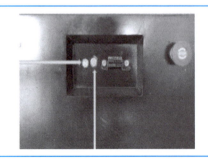

车辆基本信息	电源开关位置	□OFF □ON	
	应急开关	□OFF	□ON
	遥控器开关	□OFF	□ON
	电源总开关	□OFF	□ON
	品牌_____，车型_____		

项目二　智能网联汽车线控驱动系统装调与检修

3）调试作业前检查仪表工具。

作业内容：

作业结果：

4）调试作业前实施车辆防护。

作业内容：

作业结果：

2. 请完成线控驱动系统的调试流程，并记录信息。

1）检查实训车辆线控驱动系统。

检查外观	□正常	□异常
检查故障码	□正常	□异常
检查控制单元	□正常	□异常
结果判断	□可以调试	□不能调试

2）连接 CAN 分析仪并检查。

连接状况	□正常	□异常
检查指示灯	□正常	□异常
结果判断	□可以调试	□不能调试

17

3）打开调试软件并设置。

打开调试软件	□正常	□异常
设置波特率	□正常	□异常
设置滤波方式	□正常	□异常
启动测试软件	□正常	□异常

4）计算报文，进行线控驱动系统测试，设置档位为 D 位，目标节气门开合度为 100%。

设置驾驶模式	□自动驾驶	□手动驾驶
计算节气门开合度	□十六进制	□二进制
报文 ID	□0x301	□0x289
计算结果		

5）发送报文并检查执行情况。

输入报文 ID	□0x301	□0x289
输入周期	□100ms	□200ms
输入帧数	□正常	□异常
执行结果	□正常	□异常

3. 请完成线控驱动系统的报文分析流程，并记录信息。

序号	分析流程	分析结果
1		
2		
3		
4		

五、质量检查　　　　　　　　　　　　　　　　　成绩：

学习任务		线控驱动系统调试		学时	4学时
姓名		实训车型		年 月	日
标准时间		开始时间		完成时间	

序号	操作步骤		操作标准	操作记录	赋分标准	自评得分
1	检修前的基本检查	检查作业现场环境	检查清洁彻底，记录清晰、准确		2	
		记录整车基本信息			3	
		作业前检查工具			2	
		作业前实施车辆防护			3	
2	计算平台向整车控制器发送CAN报文计算与调试	检查实训车辆线控底盘，保证传感器、控制ECU等都装配正常	工具选择、使用正确，按维修手册的工艺要求完成		5	
		查阅系统电路图，连接CAN分析仪，将CAN-H与总线CAN-H相连，CAN-L与总线CAN-L相连			5	
		检查CAN分析仪指示灯			5	
		打开笔记本上的CAN调测软件（USB-CAN），选择设备操作下拉列表的启动设备			5	
		选择计算平台向整车控制器发送CAN报文形式			10	
		计算报文			10	
		发送报文			5	

（续）

序号	操作步骤		操作标准	操作记录	赋分标准	自评得分
3	整车控制器向仪表模块反馈的CAN报文的读取与分析	将线控底盘实训车（台架）的点火开关置于ON档	工具选择、使用正确，按维修手册的工艺要求完成拆卸工作		5	
		连接CAN诊断仪			5	
		检查CAN分析仪指示灯			5	
		读取报文数据			5	
		分析获取的报文			15	
		分析得到的报文最终结论			5	
4	场地恢复及现场5S管理		整理工作场地及工量具		5	

六、评价反馈	成绩：

请根据自己在课堂中的实际表现进行自我反思和自我评价。

自我反思：_____。

自我评价：_____。

项目二　智能网联汽车线控驱动系统装调与检修

任务三　智能网联汽车线控驱动系统故障检修

任务名称		班级	
姓名		学号	
小组成员		组长姓名	
实训场地		总成绩	
一、接受工作任务		成绩：	

　　一辆2020年生产的一款智能网联汽车，车辆无法自动行驶，经技术人员初步检查为底盘线控驱动系统故障，需要进行调试维修。请你根据所学线控驱动系统的基本知识，完成该车辆底盘线控驱动系统的维修。

二、信息收集	成绩：

　　线控驱动系统主要插接器有_____、_____、_____、_____、_____。旋变和抱轴端子上有_____个针脚。

三、制订计划	成绩：

1. 请根据线控驱动系统故障诊断的知识，制订线控驱动系统故障诊断作业计划。

操作流程		
序号	作业项目	注意事项
1		
2		
3		
4		
5		
计划审核	审核意见：_____ _____ ___年___月___日　签字：_____	

2. 请根据作业计划，完成小组成员任务分工。

操作人		记录员	
监护人		展示员	

21

（续）

作业注意事项
① 实训前须检查车辆是否停放到位，举升装置是否安全有效。 ② 实训时远离火源及可燃物，保证场地通风，避开雨雪天气。 ③ 故障诊断时，须确保场地无油污，工具规格相符。 ④ 拆检过程中严格遵守课堂纪律，严禁私自乱动举升装置。

检测设备/工具/材料			
序号	名称	数量	清点
			□已清点
			□已清点
			□已清点
			□已清点
			□已清点

四、计划实施　　　　　　　　　　　　　　　　成绩：

1. 请完成线控驱动系统故障诊断前的基本检查，并记录信息。

1）检查作业现场环境。

作业内容：

作业结果：

2）记录整车信息。

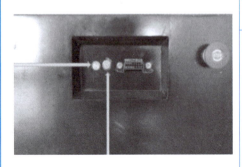

电源开关位置		□OFF　　□ON	
车辆基本信息	应急开关	□OFF	□ON
	遥控器开关	□OFF	□ON
	电源总开关	□OFF	□ON
	品牌_____，车型_____		

项目二　智能网联汽车线控驱动系统装调与检修

3) 故障诊断作业前检查仪表工具。

作业内容：

作业结果：

4) 确认故障现象。

车辆路试	车速_____，路况_____
故障现象	

5) 故障诊断作业前实施车辆防护。

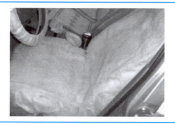

作业内容：

作业结果：

2. 请完成线控驱动系统 CAN 通信故障检修流程，并记录信息。

1) 故障现象。

故障报文	
故障码	
故障码含义	
故障等级	□一级　　□二级　　□三级

23

2）分析故障的原因。

	故障可能原因	① _____
		② _____
		③ _____

3）故障诊断过程。

	诊断过程	① _____
		② _____
		③ _____
		④ _____

4）故障排除。

	故障点	
	排除方法	□更换　□维修　□调试
	再次读取故障码	□正常　□异常
	再次测试	□正常　□异常

24

项目二　智能网联汽车线控驱动系统装调与检修

3. 请完成 VCU CAN 通信故障检修流程，并记录信息。

1) 故障现象。

故障报文	_____
故障码	_____
故障码含义	_____
故障等级	□一级　□二级　□三级

2) 分析故障的原因。

故障可能原因	① _____
	② _____
	③ _____

3) 故障诊断过程。

诊断过程	① _____
	② _____
	③ _____
	④ _____

4）故障排除。

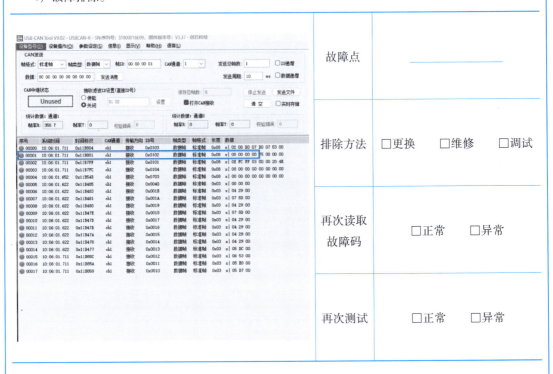	故障点			
	排除方法	□更换	□维修	□调试
	再次读取故障码	□正常	□异常	
	再次测试	□正常	□异常	

4. 请完成线控驱动电机温度传感器故障检修流程，并记录信息。

1）故障现象。

	故障报文			
	故障码			
	故障码含义			
	故障等级	□一级	□二级	□三级

26

项目二　智能网联汽车线控驱动系统装调与检修

2）分析故障的原因。

	故障可能原因	①
		②
		③

3）故障诊断过程。

	诊断过程	①
		②
		③
		④

4）故障排除。

	故障点	
	排除方法	□更换　□维修　□调试
	再次读取故障码	□正常　□异常
	再次测试	□正常　□异常

五、质量检查　　　　　　　　　　　　　　　　成绩：

学习任务		线控驱动系统检修		学时	4学时
姓名		实训车型		年　月　日	
标准时间		开始时间		完成时间	

序号	操作步骤		操作标准	操作记录	赋分标准	自评得分
1	检修前的基本检查	检查作业现场环境	检查清洁彻底，记录清晰、准确		2	
		记录整车基本信息			3	
		作业前检查工具			2	
		作业前实施车辆防护			3	
2	线控驱动系统通信故障检修	故障现象确认：正确连接CAN分析仪，正确读取CAN报文	工具选择、使用正确，按维修手册的工艺要求完成		2	
		故障分析：根据CAN报文分析，正确找出故障码			3	

28

(续)

序号	操作步骤		操作标准	操作记录	赋分标准	自评得分
2	线控驱动系统通信故障检修	故障原因分析：线控驱动电机控制器电源故障、线控驱动电机控制器CAN通信故障、驱动电机控制器软件错误、电机控制器故障	工具选择、使用正确，按维修手册的工艺要求完成		3	
		诊断过程：测量电机控制器高压线束，测量电机控制器高压搭铁线束，测量电机控制器低压插头CAN总线供电搭铁电压，测量电机控制器低压插头CAN总线电阻			12	
		确定故障点：正确找出线控驱动系统控制器电源故障			2	
		故障排除：维修或更换相同型号的电路			3	
3	整车控制器通信故障检修	故障现象确认：正确连接CAN分析仪，正确读取CAN报文	工具选择、使用正确，按维修手册的工艺要求完成拆卸工作		2	
		故障分析：根据CAN报文分析，正确找出故障码			3	
		故障原因分析：整车控制器故障、CAN通信故障、软件错误故障			2	
		诊断过程：测量整车控制器搭铁电阻，测量整车控制器供电电压，测量熔丝输入端电压，测量熔丝是否良好，测量熔丝电压输出端和整车控制器插头ON供电之间电路，测量CAN线电压，测量CAN线电阻			15	
		确定故障点：正确找出整车控制器CAN通信故障			3	
		故障排除：维修或更换相同型号的电路			2	

（续）

序号	操作步骤		操作标准	操作记录	赋分标准	自评得分
4	线控驱动电机温度传感器故障检修	故障现象确认：正确连接CAN分析仪，正确读取CAN报文	工具选择、使用正确，按维修手册的工艺要求完成拆卸工作		2	
		故障分析：根据CAN报文分析，正确找出故障码			3	
		故障原因分析：电机温度传感器故障、电路故障、软件错误、控制器故障			3	
		诊断过程：测量电机温度传感器搭铁电阻，测量电机温度传感器供电电压，测量电机温度传感器信号端子电压，测量温度传感器线束电阻，测量电机温度传感器电阻			15	
		确定故障点：正确找出电机温度传感器故障			5	
		故障排除：维修或更换相同型号的电机温度传感器			5	
5	场地恢复及现场5S管理		清洁整理场地及工量具		5	

六、评价反馈　　　　　　　　　　　　　　**成绩：**

请根据自己在课堂中的实际表现进行自我反思和自我评价。

自我反思：_____。

自我评价：_____。

项目三

智能网联汽车线控转向系统装调与检修

任务一　智能网联汽车线控转向系统拆装

任务名称		班级	
姓名		学号	
小组成员		组长姓名	
实训场地		总成绩	
一、接受工作任务		成绩：	

　　一辆智能网联实训汽车，底盘线控转向系统故障，需要进行拆装检查维修。作为某企业底盘线控装调人员，请你根据所学知识完成线控转向系统的拆装与检查。

二、信息收集	成绩：

　　1. 目前，能适应智能网联汽车转向系统要求的主要有_____和_____。
　　2. 线控转向系统主要由_____、_____、_____三个主要部分，以及自动防故障系统、电源等辅助系统组成。
　　3. 根据辅助电机的位置不同，可以将电动助力转向系统分为三种不同的形式：_____、_____和_____。
　　4. 转向盘模块由_____、_____、_____和转向盘路感电机等组成。
　　5. 前轮转向模块由_____、_____、_____等组成。

三、制订计划	成绩：

　　1. 请根据线控转向系统的整体结构，制订线控转向系统的拆装作业计划。

操作流程		
序号	作业项目	注意事项
1		
2		

31

(续)

序号	作业项目	注意事项
3		
4		
5		

计划审核	审核意见：
	___年___月___日 签字：_____

2. 请根据作业计划，完成小组成员任务分工。

操作人		记录员	
监护人		展示员	

作业注意事项

① 实训前须检查车辆是否停放到位，举升装置是否安全有效。
② 实训时远离火源及可燃物，保证场地通风，避开雨雪天气。
③ 拆装时，须确保场地无油污，工具规格相符。
④ 拆检过程中严格遵守课堂纪律，严禁私自乱动举升装置。

检测设备/工具/材料

序号	名称	数量	清点
			□已清点
			□已清点
			□已清点
			□已清点
			□已清点

四、计划实施	成绩：

1. 请完成线控转向系统拆装前的基本检查，并记录信息。

1）检查作业现场环境。

作业内容：

作业结果：

2）记录整车信息。

	电源开关位置	□OFF	□ON
车辆基本信息	应急开关	□OFF	□ON
	遥控器开关	□OFF	□ON
	电源总开关	□OFF	□ON
	品牌_____，车型_____		

3）维修作业前检查仪表工具。

作业内容：_____

作业结果：_____

4）维修作业前实施车辆防护。

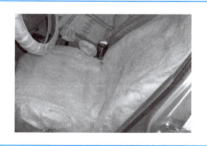

作业内容：_____

作业结果：_____

2. 请完成线控转向系统的拆卸操作流程，并记录信息。

1）拆装转向盘模块。

序号	拆装步骤	注意事项
1		
2		
3		
4		
5		
6		

2）拆装前轮转向模块。

序号	拆装步骤	注意事项
1		
2		
3		
4		
5		
6		

3. 请完成线控转向系统主要零部件的检查操作流程，并记录信息。

1）检查前轮转向模块。

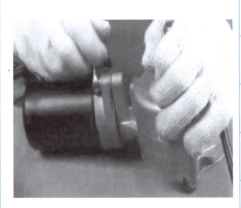

传动蜗杆	□正常 □异常
助力转向电机	□正常 □异常
转向控制器电路板	□正常 □异常
前轮转向组件	□正常 □异常
结果判断	□继续使用 □更换

2）检查线束插接器。

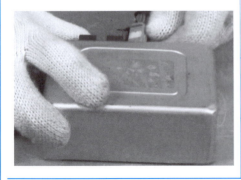

检查外观	□正常 □异常
有无断开	□正常 □异常
结果判断	□继续使用 □更换

3）检查转向盘模块。

转矩转角传感器	□正常	□异常
转向盘组件	□正常	□异常
转向盘路感电机	□正常	□异常
结果判断	□继续使用	□更换

五、质量检查　　　　　　　　　　成绩：

学习任务		线控转向系统拆装		学时	2学时
姓名		实训车型		年 月 日	
标准时间		开始时间		完成时间	

序号	操作步骤		操作标准	操作记录	赋分标准	自评得分
1	检修前的基本检查	检查作业现场环境	检查清洁彻底，记录清晰、准确		2	
		记录整车基本信息			3	
		作业前检查工具			2	
		作业前实施车辆防护			3	
2	线控转向系统主要零部件的组装	安装传动蜗杆	工具选择、使用正确，按维修手册的工艺要求完成		10	
		安装转矩转角传感器			5	
		安装助力转向电机			5	
		安装壳体，锁止卡扣			5	
		连接转向电机与控制器			5	
3	线控转向系统的拆卸	拆卸转向盘、转向柱等	按维修手册的工艺要求完成拆卸工作		5	
		分离插接器			5	
		拆卸助力电机			10	
		取出转向器			10	
4	线控转向系统的安装	按分解的相反顺序装复线控转向系统各零件	按维修手册的工艺要求完成装复工作		15	
		确定游丝旋转圈数的中间位置，恢复喇叭和气囊			10	

（续）

序号	操作步骤	操作标准	操作记录	赋分标准	自评得分
5	场地恢复及现场 5S 管理	清洁整理工作台、地面及工量具		5	

六、评价反馈	成绩：

请根据自己在课堂中的实际表现进行自我反思和自我评价。

自我反思：_____

_____。

自我评价：_____

_____。

任务二 智能网联汽车线控转向系统调试

任务名称		班级	
姓名		学号	
小组成员		组长姓名	
实训场地		总成绩	
一、接受工作任务		成绩：	

  一辆智能网联汽车，底盘线控转向系统故障，更换零部件后需要进行调试维修。请你根据本任务所学线控转向系统调试的基本知识，完成底盘线控转向系统的检查与调试。

二、信息收集	成绩：

  1. 整车控制器向 SBW-ECU 发送 CAN 报文协议，报文 ID 为____，报文周期为_____ms，报文长度为_____字节，报文之间的通信比特率为_____，帧格式为_____帧。
  2. 整车控制器向 SBW-ECU 发送 CAN 报文协议，Byte1 的主要功能是用来设置____，其设置范围为_____，逆时针旋转为_____，顺时针旋转为_____。
  3. SBW-ECU 向整车控制器发送 CAN 报文协议，报文 ID 为____，报文周期为____ms，报文长度为____字节，报文之间的通信比特率为_____，帧格式为____帧。

三、制订计划	成绩：

  1. 请根据线控转向系统调试的知识，制订线控转向系统调试作业计划。

操作流程		
序号	作业项目	注意事项
1		
2		
3		
4		
5		
计划审核	审核意见：_____ ____年____月____日　签字：_____	

2. 请根据作业计划，完成小组成员任务分工。

操作人		记录员	
监护人		展示员	

作业注意事项
① 实训前须检查车辆是否停放到位，举升装置是否安全有效。 ② 实训时远离火源及可燃物，保证场地通风，避开雨雪天气。 ③ 调试时，须确保场地无油污，工具规格相符。 ④ 拆检过程中严格遵守课堂纪律，严禁私自乱动举升装置。

检测设备/工具/材料			
序号	名称	数量	清点
			□已清点
			□已清点
			□已清点
			□已清点

四、计划实施	成绩：

1. 请完成线控转向系统调试前的基本检查，并记录信息。

1) 检查作业现场环境。

作业内容：_____

作业结果：_____

2) 记录整车信息。

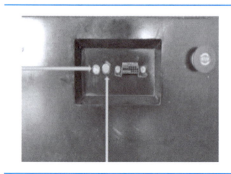

	电源开关位置	□OFF　　□ON	
车辆基本信息	应急开关	□OFF	□ON
	遥控器开关	□OFF	□ON
	电源总开关	□OFF	□ON
	品牌_____，车型_____		

项目三　智能网联汽车线控转向系统装调与检修

3）调试作业前检查仪表工具。

作业内容：

作业结果：

4）调试作业前实施车辆防护。

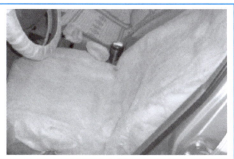

作业内容：

作业结果：

2. 请完成线控转向系统的调试流程，并记录信息。

1）检查实训车辆线控转向系统。

	检查外观	□正常	□异常
	检查故障码	□正常	□异常
	检查控制单元	□正常	□异常
	结果判断	□可以调试	□不能调试

39

2）连接CAN分析仪并检查。

	连接状况	☐正常	☐异常
	检查指示灯	☐正常	☐异常
	结果判断	☐可以调试	☐不能调试

3）打开调试软件并设置。

	打开调试软件	☐正常	☐异常
	设置波特率	☐正常	☐异常
	设置滤波方式	☐正常	☐异常
	启动测试软件	☐正常	☐异常

4）计算报文，进行线控系统测试，设置当前位置为转向系统中点。

	设置驾驶模式	☐自动驾驶	☐手动驾驶
	计算压力行程	☐八进制	☐二进制
	报文ID	☐0x314	☐0x18F
	计算结果		_____

5）计算报文，进行线控系统测试，设置转向盘逆时针旋转 160°。

设置驾驶模式	□自动驾驶	□手动驾驶
计算旋转角度	□八进制	□十六进制
报文 ID	□0x314	□0x18F
计算结果		

6）计算报文，进行线控系统测试，设置转向盘顺时针旋转 160°。

设置驾驶模式	□自动驾驶	□手动驾驶
计算旋转角度	□八进制	□十六进制
报文 ID	□0x314	□0x18F
计算结果		

7）发送报文并检查执行情况。

输入报文 ID	□0x314	□0x18F
输入周期	□100mm	□200mm
输入帧数	□正常	□异常
执行结果	□正常	□异常

3. 请完成线控转向系统的报文分析流程，并记录信息。

序号	分析流程	分析结果
1		
2		
3		
4		

五、质量检查　　　　　　　　　　　　　　　　**成绩：**

学习任务		线控转向系统调试		学时	4学时
姓名		实训车型		年　月　日	
标准时间		开始时间		完成时间	

序号	操作步骤		操作标准	操作记录	赋分标准	自评得分
1	检修前的基本检查	检查作业现场环境	检查清洁彻底，记录清晰、准确		2	
		记录整车基本信息			3	
		作业前检查工具			2	
		作业前实施车辆防护			3	
2	整车控制器向SBW-ECU发送CAN报文计算与调试	检查实训车辆线控底盘，保证传感器、控制单元等都装配正常	工具选择、使用正确，按维修手册的工艺要求完成		5	
		查阅系统电路图，连接CAN分析仪，将CAN-H与总线CAN-H相连，CAN-L与总线CAN-L相连			5	
		检查CAN分析仪指示灯			5	
		打开笔记本上的CAN调测软件（USB-CAN），选择设备操作下拉列表的启动设备			5	
		选择整车控制器向SBW-ECU发送CAN报文形式			10	
		计算报文			10	
		发送报文			5	

（续）

序号	操作步骤		操作标准	操作记录	赋分标准	自评得分
3	SBW-ECU向整车控制器反馈的CAN报文的读取与分析	将线控底盘实训车（台架）的点火开关置于ON档	工具选择、使用正确，按维修手册的工艺要求完成拆卸工作		5	
		连接CAN诊断仪			5	
		检查CAN分析仪指示灯			5	
		读取报文数据			5	
		分析获取的报文			15	
		获取的报文最终结论			5	
4	场地恢复及现场5S管理		整理工作场地及工量具		5	

六、评价反馈　　　　　　　　　　　　　　成绩：

请根据自己在课堂中的实际表现进行自我反思和自我评价。

自我反思：_____

_____。

自我评价：_____

_____。

智能网联汽车底盘线控系统检修实训工单

任务三　智能网联汽车线控转向系统故障检修

任务名称		班级	
姓名		学号	
小组成员		组长姓名	
实训场地		总成绩	

一、接受工作任务	成绩：

　　一辆智能网联汽车，车辆无法自动行驶，经技术人员初步检查为底盘线控转向系统故障，需要进行调试维修。请你根据本任务所学线控转向系统的基本知识，完成该车辆底盘线控转向系统的维修。

二、信息收集	成绩：

　　1. 汽车线控转向系统需要的相关传感器有_____传感器、_____传感器、_____传感器、_____传感器、_____传感器等。

　　2. SBW-ECU 上由四个插接器组成，分别为_____插接器、_____插接器、_____插接器、_____插接器。

　　3. 三组 ECU 的线控转向系统工作时，当点火开关处于 ON 档，三组控制器开始工作。当控制器接收到转向指令后，结合当前_____和_____计算出需要的转角，控制_____工作，再通过_____反馈转向执行电机的角度是否正确，最终实现车辆自动转向。

三、制订计划	成绩：

　　1. 请根据线控转向系统故障诊断的知识，制订线控转向系统故障诊断作业计划。

操作流程		
序号	作业项目	注意事项
1		
2		
3		
4		
5		
计划审核	审核意见：_____ _____ ____年____月____日　　签字：____	

项目三　智能网联汽车线控转向系统装调与检修

2. 请根据作业计划，完成小组成员任务分工。

操作人		记录员	
监护人		展示员	

作业注意事项
① 实训前须检查车辆是否停放到位，举升装置是否安全有效。
② 实训时远离火源及可燃物，保证场地通风，避开雨雪天气。
③ 故障诊断时，须确保场地无油污，工具规格相符。
④ 拆检过程中严格遵守课堂纪律，严禁私自乱动举升装置。

检测设备/工具/材料			
序号	名称	数量	清点
			□已清点
			□已清点
			□已清点
			□已清点
			□已清点

四、计划实施	成绩：

1. 请完成线控转向系统故障诊断前的基本检查，并记录信息。

1) 检查作业现场环境。

作业内容：

作业结果：

2) 记录整车信息。

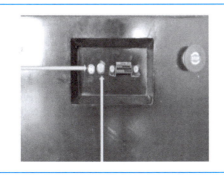

	电源开关位置	□OFF	□ON
车辆基本信息	应急开关	□OFF	□ON
	遥控器开关	□OFF	□ON
	电源总开关	□OFF	□ON
	品牌_____，车型_____		

45

3）故障诊断作业前检查仪表工具。

作业内容：

作业结果：

4）确认故障现象。

车辆路试	车速_____，路况_____
故障现象	

5）故障诊断作业前实施车辆防护。

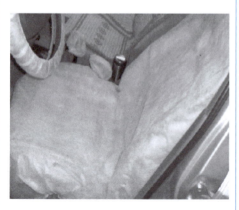

作业内容：

作业结果：

项目三　智能网联汽车线控转向系统装调与检修

2. 请完成线控转向系统供电电源故障检修流程，并记录信息。

1）故障现象。

	故障报文	
	故障码	
	故障码含义	
	故障等级	□一级　　□二级　　□三级

2）分析故障的原因。

	故障可能原因	①_____ ②_____ ③_____

3）故障诊断过程。

	诊断过程	①_____ ②_____ ③_____ ④_____

47

4）故障排除。

	故障点	
	排除方法	□更换　　□维修　　□调试
	再次读取故障码	□正常　　□异常
	再次测试	□正常　　□异常

3. 请完成线控转向系统 CAN 通信故障检修流程，并记录信息。

1）故障现象。

	故障报文	
	故障码	
	故障码含义	
	故障等级	□一级　　□二级　　□三级

48

项目三 智能网联汽车线控转向系统装调与检修

2)分析故障的原因。

	故障可能原因	
	①	
	②	
	③	

3)故障诊断过程。

	诊断过程	
	①	
	②	
	③	
	④	

4)故障排除。

	故障点	
	排除方法	□更换 □维修 □调试
	再次读取故障码	□正常 □异常
	再次测试	□正常 □异常

49

4. 请完成线控转向系统转矩转角传感器故障检修流程，并记录信息。

1) 故障现象。

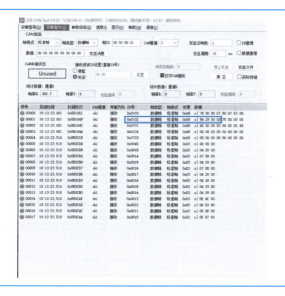

故障报文	
故障码	
故障码含义	
故障等级	□一级　　□二级　　□三级

2) 分析故障的原因。

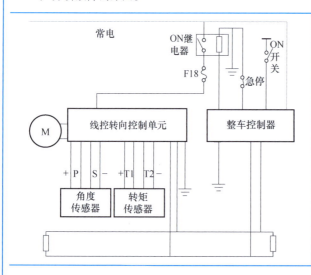

故障可能原因	①
	②
	③

3) 故障诊断过程。

诊断过程	①
	②
	③
	④

项目三　智能网联汽车线控转向系统装调与检修

4）故障排除。

	故障点		
	排除方法	□更换 □调试	□维修
	再次读取 故障码	□正常	□异常
	再次测试	□正常	□异常

五、质量检查　　　　　　　　　　　　　　　　成绩：

学习任务		线控转向系统检修		学时	4学时	
姓名		实训车型		年　月　日		
标准时间		开始时间		完成时间		
序号	操作步骤		操作标准	操作记录	赋分 标准	自评 得分
1	检修前的 基本检查	检查作业现场环境	检查清洁彻底， 记录清晰、准确		2	
		记录整车基本信息			3	
		作业前检查工具			2	
		作业前实施车辆防护			3	
2	线控转向 系统供电电 源故障检修	故障现象确认：正确连接CAN 分析仪，正确读取CAN报文	工具选择、使 用正确，按维修 手册的工艺要求 完成		2	
		故障分析：根据CAN报文分 析，正确找出故障码			3	
		故障原因分析：线控转向系统 控制器电源故障、CAN通信故 障、软件错误和系统控制器故障			3	

51

（续）

序号	操作步骤		操作标准	操作记录	赋分标准	自评得分
2	线控转向系统供电电源故障检修	诊断过程：测量线控转向系统控制器供电插头的导通状态，测量信号插头供电电压，测量熔丝输入端电压，测量熔丝是否导通，测量熔丝与信号插头之间是否导通，检测是否存在断路故障	工具选择、使用正确，按维修手册的工艺要求完成		12	
		确定故障点：正确找出线控转向系统控制器电源故障			2	
		故障排除：维修或更换相同型号的电路			3	
3	线控转向系统 CAN 通信故障检修	故障现象确认：正确连接 CAN 分析仪，正确读取 CAN 报文	工具选择、使用正确，按维修手册的工艺要求完成拆卸工作		2	
		故障分析：根据 CAN 报文分析，正确找出故障码			3	
		故障原因分析：线控转向系统控制器电源故障、CAN 通信故障、软件错误和系统控制器故障			2	
		诊断过程：测量线控转向系统控制器供电电压，测量 T8/4 号端子电压，测量 T8/8 号端子电压，测量 T8/3 号端子电压，检测是否有线控转向系统控制器对应升级，检测出故障点			15	
		确定故障点：正确找出线控转向系统 CAN 通信故障			3	
		故障排除：维修或更换相同型号的电路			2	
4	线控转向系统转矩转角传感器故障检修	故障现象确认：正确连接 CAN 分析仪，正确读取 CAN 报文	工具选择、使用正确，按维修手册的工艺要求完成传感器故障检修		2	
		故障分析：根据 CAN 报文分析，正确找出故障码			3	

（续）

序号	操作步骤		操作标准	操作记录	赋分标准	自评得分
4	线控转向系统转矩转角传感器故障检修	故障原因分析：转向角度传感器故障，转向角度传感器电路故障，线控转向系统控制器软件错误，线控转向系统控制器故障	工具选择、使用正确，按维修手册的工艺要求完成传感器故障检修		3	
		诊断过程：测量 T8/1 号和 T8/2 号端子之间的电压，测量 T8/5 号和 T8/6 号端子之间的电压，测量 T8/3 号端子的供电电压，测量 T8/4 号端子的供电电压，测量 T8/7 号端子的供电电压，测量 T8/8 号端子的供电电压，检查是否有线控转向系统控制器对应升级，检测出故障点			15	
		确定故障点：正确找出端子脱落处			5	
		故障排除：重新恢复脱落端子，实训台恢复正常状态，故障排除，撤除防护			5	
5	场地恢复及现场 5S 管理		清洁整理场地及工量具		5	

六、评价反馈	成绩：

请根据自己在课堂中的实际表现进行自我反思和自我评价。

自我反思：

自我评价：

项目四

智能网联汽车线控悬架系统维护与检修

任务一　智能网联汽车线控悬架系统维护

任务名称		班级	
姓名		学号	
小组成员		组长姓名	
实训场地		总成绩	
一、接受工作任务		成绩：	
一辆智能网联实训汽车，线控悬架系统故障，需要进行拆装检查维修。作为某企业底盘线控装调人员，请你根据所学线控悬架系统的构造、工作原理及检修等知识，完成线控悬架系统的检查与维护。			
二、信息收集		成绩：	
1. 汽车悬架系统指由_____与_____间的弹簧和减振器组成的整个支持系统。 　　2. 悬架系统可以控制的参数包括_____高度、悬架弹簧_____、减振器_____以及侧倾刚度等。 　　3. 线控悬架系统根据工作原理不同可以分为_____式、电磁式、_____式。 　　4. 线控减振器主要调节悬架_____，调节对象通常为减振器内油液_____或油液黏度，主要构成有ECU、电磁阀、传感器、减振器等。			
三、制订计划		成绩：	
1. 请根据线控悬架系统的整体结构，制订线控悬架系统的检查与维护作业计划。			

操作流程			
序号	作业项目		注意事项
1			
2			
3			
4			
5			
计划审核	审核意见： 　　　　　　　　　　　　　　　　　　　　___年___月___日　　签字：_____		

2. 请根据作业计划，完成小组成员任务分工。

操作人		记录员	
监护人		展示员	

作业注意事项

① 实训前须检查车辆是否停放到位，举升装置是否安全有效。
② 实训时远离火源及可燃物，保证场地通风，避开雨雪天气。
③ 检查与维护时，须确保场地无油污，工具规格相符。
④ 检查与维护过程中严格遵守课堂纪律，严禁私自乱动举升装置。

检测设备/工具/材料

序号	名称	数量	清点
			□已清点
			□已清点
			□已清点
			□已清点

四、计划实施	成绩:

1. 请完成线控悬架系统检查与维护前的基本检查，并记录信息。

1) 检查作业现场环境。

作业内容：

作业结果：

2) 记录整车信息。

	电源开关位置	□OFF	□ON
车辆基本信息	应急开关	□OFF	□ON
	遥控器开关	□OFF	□ON
	电源总开关	□OFF	□ON
	品牌_____，车型_____		

3）作业前检查仪表工具。

作业内容：

作业结果：

4）维修作业前实施车辆防护。

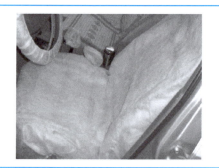

作业内容：

作业结果：

2. 请完成线控悬架系统车身高度调节功能检查操作流程，并记录信息。

1）检查轮胎气压。

检查安装状况	□正常	□异常
检查轮胎外观	□正常	□异常
是否存在泄漏	□正常	□异常
车轮气压	左前__ 右前__ 左后__ 右后__	
结果判断	□继续使用	□调整

2）检查线控悬架系统故障。

CAN 分析仪连接状况	□正常	□异常
指示灯是否亮起	□是	□否
有无故障码	□有	□无
结果判断	□正常	□异常

项目四 智能网联汽车线控悬架系统维护与检修

3）检查车身高度调节功能。

调试数据发送状况	□正常	□异常
车身高度有无变化	□有	□无
完成高度调节的时间		
结果判断	□继续使用	□更换

3. 请完成线控悬架系统的减压阀和漏气检查操作流程，并记录信息。

1）检查压缩机减压阀。

安装状况	□正常	□异常
有无泄漏	□有	□无
安全阀是否排空	□是	□否
结果判断	□继续使用	□更换

2）检查管路漏气。

安装状况	□正常	□异常
有无泄漏	□有	□无
有无扭曲变形	□是	□否
结果判断	□继续使用	□更换

五、质量检查　　　　成绩：

学习任务		线控悬架系统检查与维护		学时	2学时
姓名		实训车型		年 月	日
标准时间		开始时间		完成时间	
序号	操作步骤		操作标准	操作记录	赋分标准	自评得分
1	检修前的基本检查	检查作业现场环境	检查清洁彻底，记录清晰、准确		2	
		记录整车基本信息			3	
		作业前检查工具			2	
		作业前实施车辆防护			3	

（续）

序号	操作步骤		操作标准	操作记录	赋分标准	自评得分
2	线控悬架系统的基本检查	检查安装状况	工具选择、使用正确，按维修手册的工艺要求完成		10	
		检查减振器的外观			5	
		检查推力轴承的安装状况			5	
		检查连接管路和相关线路			5	
3	减振器的检查	检查安装状况	按维修手册的要求完成检查工作		5	
		检查减振器泄漏情况			5	
		检查减振器变形状况			5	
		减振器工作状况判断			5	
4	管路的检查	检查安装状况	按维修手册的要求完成检查工作		5	
		检查管路泄漏情况			5	
		检查管路变形状况			5	
		判断管路工作状况			5	
5	空气弹簧的检查	检查安装状况	按维修手册的要求完成检查工作		5	
		检查弹簧泄漏情况			5	
		检查变形状况			5	
		判断弹簧工作状况			5	
6	场地恢复及现场5S管理		清洁整理工作台、地面及工量具		5	

六、评价反馈　　　　　　　　　　　　　　成绩：

请根据自己在课堂中的实际表现进行自我反思和自我评价。

自我反思：_____。

自我评价：_____。

任务二　智能网联汽车线控悬架系统检修

任务名称		班级	
姓名		学号	
小组成员		组长姓名	
实训场地		总成绩	

一、接受工作任务	成绩：

　　一辆智能网联实训汽车，线控悬架系统故障，需要进行拆装维修。作为某企业底盘线控装调人员，请你根据所学线控悬架系统工作原理及检修等知识，完成线控悬架系统的维修。

二、信息收集	成绩：

　　1. 线控悬架系统由____选择开关、车速传感器、转角传感器、加速度传感器、车身高度传感器、悬架 ECU、可调阻尼减振器、____弹簧以及高度控制____等部件组成。
　　2. 线控悬架系统依据 ECU 采集的信号获得相关数据信息，自动调节悬架的_____、阻尼以及车身_____，自动适应汽车不同载重量、不同道路条件以及不同行驶工况的需要。
　　3. 线控弹簧主要是调节____高度和____刚度，主要应对越野路段和激烈驾驶场景。
　　4. 线控减振器主要调节悬架_____，调节对象通常为减振器内油液_____或油液黏度。

三、制订计划	成绩：

　　1. 请根据线控悬架系统的整体结构，制订线控悬架系统的维修作业计划。

操作流程		
序号	作业项目	注意事项
1		
2		
3		
4		
5		
计划审核	审核意见： 　　　　　　　　　　　　　　　　　　____年____月____日　　签字：	

2. 请根据作业计划，完成小组成员任务分工。

操作人		记录员	
监护人		展示员	

<table>
<tr><td colspan="4" align="center">作业注意事项</td></tr>
<tr><td colspan="4">① 实训前须检查车辆是否停放到位，举升装置是否安全有效。
② 实训时远离火源及可燃物，保证场地通风，避开雨雪天气。
③ 维修时，须确保场地无油污，工具规格相符。
④ 维修过程中严格遵守课堂纪律，严禁私自乱动举升装置。</td></tr>
<tr><td colspan="4" align="center">检测设备/工具/材料</td></tr>
<tr><td>序号</td><td>名称</td><td>数量</td><td>清点</td></tr>
<tr><td></td><td></td><td></td><td>□已清点</td></tr>
<tr><td></td><td></td><td></td><td>□已清点</td></tr>
<tr><td></td><td></td><td></td><td>□已清点</td></tr>
<tr><td></td><td></td><td></td><td>□已清点</td></tr>
</table>

四、计划实施	成绩：

1. 请完成线控悬架系统维修前的基本检查，并记录信息。

1）检查作业现场环境。

作业内容：

作业结果：

2）记录整车信息。

	电源开关位置	□OFF	□ON
车辆基本信息	应急开关	□OFF	□ON
	遥控器开关	□OFF	□ON
	电源总开关	□OFF	□ON
	品牌_____，车型		

3）作业前检查仪表工具。

作业内容：

作业结果：

4）维修作业前实施车辆防护。

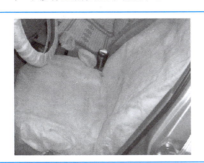

作业内容：

作业结果：

2. 请完成线控悬架系统装载模式设置的操作流程，并记录信息。

1）连接故障诊断仪。

检查诊断线连接状况	□正常	□异常
点火开关状态	□ON	□OFF
车型选择		
品牌选择		

2）程序进入。

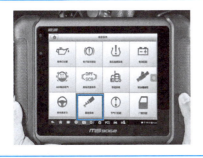

系统选择	
悬架系统地址码	
功能选择	
授权模式选择	

3. 请完成线控悬架系统检修的操作流程，并记录信息。

1）关闭车身高度自动控制。

点火开关状态	□ON	□OFF
按压车身高度调节开关时间	_____ s	
显示屏上显示	□车辆水平控制功能关闭 □车辆水平控制功能打开	

2）状态显示。

切换时 LED 灯状态	□常亮	□闪烁
切换结束 LED 灯状态	□常亮	□闪烁
显示屏上是否显示	□是	□否

3）举升设置。

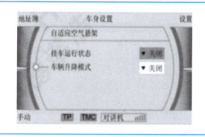

车身高度设置方式	□手动	□自动
车身高度设置	□标准	□较高
高度自动调整功能	□关闭	□打开

五、质量检查　　成绩：

学习任务		线控悬架系统检修	学时	2 学时
姓名		实训车型	年	月　日
标准时间		开始时间	完成时间	
序号	操作步骤	操作标准	操作记录	赋分标准	自评得分

序号	操作步骤		操作标准	操作记录	赋分标准	自评得分
1	检修前的基本检查	检查作业现场环境	检查清洁彻底，记录清晰、准确		2	
		记录整车基本信息			3	
		作业前检查工具			2	
		作业前实施车辆防护			3	

(续)

序号	操作步骤		操作标准	操作记录	赋分标准	自评得分
2	线控悬架系统装载模式设置	连接故障诊断仪	工具选择、使用正确，按维修手册的工艺要求完成		10	
		进入悬架系统控制单元，在自诊断中选择引导性故障查询			10	
		输入悬架系统的地址码，选择功能装载模式，进入启用授权			15	
		启用或者解除装载模式			10	
3	典型线控悬架系统检修	发动机已经起动，车门关闭	按维修手册的要求完成检查工作		10	
		接通点火开关，向前按车身高度调节开关，时间为 10~15s，然后松开车身高度调节开关，直到仪表盘显示屏上显示"车辆水平控制功能关闭"			10	
		操作车身高度调节开关，检查旁边的 LED 灯显示			10	
		手动设置标准车身高度，然后关闭车身高度自动控制功能			10	
4	场地恢复及现场 5S 管理		清洁整理工作台、地面及工量具		5	

六、评价反馈

成绩：

请根据自己在课堂中的实际表现进行自我反思和自我评价。

自我反思：_____。

自我评价：_____。

项目五

智能网联汽车线控制动系统装调与检修

任务一　智能网联汽车线控制动系统拆装

任务名称		班级	
姓名		学号	
小组成员		组长姓名	
实训场地		总成绩	
一、接受工作任务		成绩：	

　　一辆 2021 年生产的智能网联实训汽车，底盘线控制动系统故障，需要进行拆装检查维修。你作为某企业底盘线控装调人员，被安排到了汽车制动系统维修与调试车间，请你根据所学知识，完成底盘线控制动系统的拆装与检查。

二、信息收集	成绩：

　　1. 线控制动系统主要有两条技术路线，分别是＿＿＿＿线控制动系统和＿＿＿＿线控制动系统。
　　2. 典型的液压式线控制动系统由＿＿＿＿传感器、＿＿＿＿、执行器机构等组成。
　　3. 集成式电液线控制动系统放弃了＿＿＿＿，将制动主缸集成一体，同时具备＿＿＿＿、ESC 等电子制动系统的功能。
　　4. 机械式线控制动系统主要由＿＿＿＿模块、中央电子控制单元和＿＿＿＿模块等组成。

三、制订计划	成绩：

　　1. 请根据线控制动系统的整体结构，制订线控制动系统的拆装作业计划。

操作流程		
序号	作业项目	注意事项
1		
2		

项目五　智能网联汽车线控制动系统装调与检修

（续）

序号	作业项目	注意事项
3		
4		
5		

计划审核	审核意见：_____ _____ 　　　　　　　　　　　　　　___年___月___日　签字：_____

2. 请根据作业计划，完成小组成员任务分工。

操作人		记录员	
监护人		展示员	

作业注意事项
① 实训前须检查车辆是否停放到位，举升装置是否安全有效。 ② 实训时远离火源及可燃物，保证场地通风，避开雨雪天气。 ③ 拆装时，须确保场地无油污，工具规格相符。 ④ 拆检过程中严格遵守课堂纪律，严禁私自乱动举升装置。

检测设备/工具/材料				
序号	名称	数量	清点	
			□已清点	
			□已清点	
			□已清点	
			□已清点	
			□已清点	

四、计划实施	成绩：

1. 请完成线控制动系统拆装前的基本检查，并记录信息。

1）检查作业现场环境。

作业内容：_____

作业结果：_____

65

2）记录整车信息。

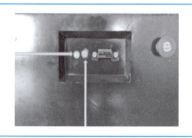

车辆基本信息	电源开关位置	□OFF	□ON
	应急开关	□OFF	□ON
	遥控器开关	□OFF	□ON
	电源总开关	□OFF	□ON
	品牌_____，车型_____		

3）维修作业前检查仪表工具。

作业内容：
_____
作业结果：
_____

4）维修作业前实施车辆防护。

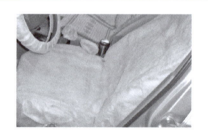

作业内容：
_____
作业结果：
_____

2. 请完成线控制动系统的拆装操作流程，并记录信息。
1）拆装主缸液压系统总成。

序号	拆装步骤	注意事项
1		
2		
3		
4		
5		
6		

项目五　智能网联汽车线控制动系统装调与检修

2）拆装线控制动系统。

序号	拆装步骤	注意事项
1		
2		
3		
4		
5		
6		
7		
8		

3. 请完成线控制动系统主要零部件的检查操作流程，并记录信息。

1）检查主缸液压系统总成。

制动主缸	□正常　□异常
控制单元	□正常　□异常
助力电机	□正常　□异常
结果判断	□继续使用　□更换

2）检查液压管路。

检查外观	□正常　□异常
有无泄漏	□正常　□异常
结果判断	□继续使用　□更换

3）检查制动器总成。

制动器外观	□正常　□异常
检查摩擦片外观	□正常　□异常
制动器有无泄漏	□正常　□异常
结果判断	□继续使用　□更换

五、质量检查　　　　　　　　　　　　成绩：

学习任务		线控制动系统拆装		学时	2学时
姓名		实训车型		年　月　日	
标准时间		开始时间		完成时间	

序号	操作步骤		操作标准	操作记录	赋分标准	自评得分
1	检修前的基本检查	检查作业现场环境	检查清洁彻底，记录清晰、准确		2	
		记录整车基本信息			3	
		作业前检查工具			2	
		作业前实施车辆防护			3	
2	线控制动系统主要零部件的组装	安装制动电机控制器电路板	工具选择、使用正确，按维修手册的工艺要求完成		10	
		安装制动助力器阀体			5	
		安装制动旋变编码器			5	
		安装制动主缸、受压阀体和调整垫片等			5	
		安装助力驱动电机总成			5	
3	线控制动系统拆卸	举升并妥善支撑车辆，拆下轮胎和车轮总成	工具选择、使用正确，按维修手册的工艺要求完成		5	
		拆卸制动轮缸油管			5	
		拆卸制动钳及活塞总成、制动摩擦片及制动钳支架			10	
		拆卸线控制动器总成			10	
4	线控制动系统安装	按分解的相反顺序装复线控制动系统各零件	按维修手册的工艺要求完成		15	
		添加制动液，并对制动系统进行排气操作			10	
5	场地恢复及现场5S管理		清洁整理工作台、地面及工量具		5	

六、评价反馈	成绩：

请根据自己在课堂中的实际表现进行自我反思和自我评价。

自我反思：_____

_____。

自我评价：_____

_____。

任务二　智能网联汽车线控制动系统调试

任务名称		班级	
姓名		学号	
小组成员		组长姓名	
实训场地		总成绩	

一、接受工作任务	成绩：

　　一辆 2022 年生产的智能网联汽车，底盘线控制动系统故障，更换零部件后需要进行调试维修。请你根据所学线控制动系统调试的基本知识，完成底盘线控制动系统的检查与调试。

二、信息收集	成绩：

　　1. 整车控制器向 EHB-ECU 发送 CAN 报文协议，报文 ID 为____，报文周期为____ms，报文长度为____字节，其中，每个字节由____个比特构成，帧格式为____帧。

　　2. 整车控制器向 EHB-ECU 发送 CAN 报文协议，Byte1 的主要功能是用来设置制动指令信号，包括____使能、____模式等信息。

　　3. EHB-ECU 向整车控制器发送 CAN 报文协议，报文 ID 为____，报文周期为____ms，报文长度为____字节，其中，每个字节由____个比特构成，帧格式为____帧。

三、制订计划	成绩：

　　1. 请根据线控制动系统调试的知识，制订线控制动系统调试作业计划。

操作流程		
序号	作业项目	注意事项
1		
2		
3		
4		
计划审核	审核意见： 　　　　　　　　　　　　　　　　　　　年___月___日　签字：___	

　　2. 请根据作业计划，完成小组成员任务分工。

操作人		记录员	
监护人		展示员	
作业注意事项			

　　① 实训前须检查车辆是否停放到位，举升装置是否安全有效。
　　② 实训时远离火源及可燃物，保证场地通风，避开雨雪天气。
　　③ 调试时，须确保场地无油污，工具规格相符。
　　④ 拆检过程中严格遵守课堂纪律，严禁私自乱动举升装置。

70

项目五　智能网联汽车线控制动系统装调与检修

（续）

检测设备/工具/材料			
序号	名称	数量	清点
			□已清点
			□已清点
			□已清点
			□已清点

四、计划实施	成绩：

1. 请完成线控制动系统调试前的基本检查，并记录信息。

1）检查作业现场环境。

作业内容：

作业结果：

2）记录整车信息。

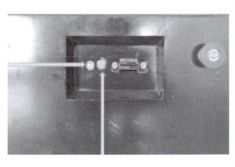

车辆基本信息	电源开关位置	□OFF　　□ON
	应急开关	□OFF　　□ON
	遥控器开关	□OFF　　□ON
	电源总开关	□OFF　　□ON
	品牌_____，车型_____	

3）调试作业前检查仪表工具。

作业内容：

作业结果：

71

4）调试作业前实施车辆防护。

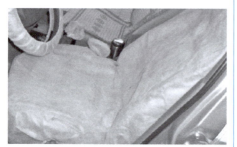

作业内容：
_____

作业结果：
_____

2. 请完成线控制动系统的调试流程，并记录信息。

1）检查实训车辆线控制动系统。

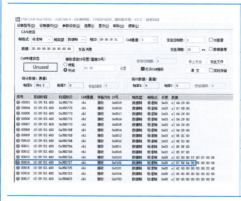

检查外观	□正常	□异常
检查故障码	□正常	□异常
检查控制单元	□正常	□异常
结果判断	□可以调试	□不能调试

2）连接 CAN 分析仪并检查。

连接状况	□正常	□异常
检查指示灯	□正常	□异常
结果判断	□可以调试	□不能调试

3）打开调试软件并设置。

打开调试软件	□正常	□异常
设置波特率	□正常	□异常
设置滤波方式	□正常	□异常
启动测试软件	□正常	□异常

4）计算报文，进行线控系统测试，请求制动压力行程点为120。

	设置驾驶模式	□自动驾驶	□手动驾驶
	计算压力行程	□八进制	□二进制
	报文 ID	□0x364	□0x289
	计算结果		

5）发送报文并检查执行情况。

	输入报文 ID	□0x364	□0x289
	输入周期	□100mm	□200mm
	输入帧数	□正常	□异常
	执行结果	□正常	□异常

3. 请完成线控制动系统的报文分析流程，并记录信息。

序号	分析流程	分析结果
1		
2		
3		
4		

五、质量检查　　　　　　　　　　　成绩：

学习任务		线控制动系统调试		学时	4 学时
姓名		实训车型		年	月　日
标准时间		开始时间		完成时间	

序号	操作步骤		操作标准	操作记录	赋分标准	自评得分
1	检修前的基本检查	检查作业现场环境	检查清洁彻底，记录清晰、准确		2	
		记录整车基本信息			3	
		作业前检查工具			2	
		作业前实施车辆防护			3	
2	整车控制器向EHB-ECU发送报文计算与调试	检查实训车辆线控底盘，保证传感器、控制ECU等都装配正常	工具选择、使用正确，按维修手册的工艺要求完成		5	
		查阅系统电路图，连接CAN分析仪，将CAN-H与总线CAN-H相连，CAN-L与总线CAN-L相连			5	
		检查CAN分析仪指示灯			5	
		打开笔记本上的CAN调测软件，选择设备操作下拉列表的启动设备			5	
		选择整车控制器向EHB-ECU发送CAN报文形式			10	
		计算报文			10	
		发送报文			5	
3	EHB-ECU向整车控制器反馈的报文的读取与分析	将线控底盘实训车（台架）的点火开关置于ON档	工具选择、使用正确，按维修手册的工艺要求完成拆卸工作		5	
		连接CAN诊断仪			5	
		检查CAN分析仪指示灯			5	
		读取报文数据			5	
		分析获取的报文			15	
		分析得到的报文最终结论			5	
4	场地恢复及现场5S管理	清洁整理工作台、地面及工量具			5	

六、评价反馈	成绩：
请根据自己在课堂中的实际表现进行自我反思和自我评价。	
自我反思：_____ _____。 自我评价：_____ _____。	

任务三　智能网联汽车线控制动系统故障检修

任务名称		班级	
姓名		学号	
小组成员		组长姓名	
实训场地		总成绩	

一、接受工作任务　　成绩：

　　一辆 2022 年生产的一款智能网联汽车，车辆无法自动行驶，经技术人员初步检查为底盘线控制动系统故障，需要进行调试维修。请你根据所学线控制动系统的基本知识，完成该车辆底盘线控制动系统的维修。

二、信息收集　　成绩：

　　1. 制动旋变编码器用于监测制动_____、_____和_____，并将信号反馈至线控制动系统 ECU。

　　2. 线控制动系统控制器依据_____请求信号算出所需_____并采取制动措施。

　　3. 线控制动系统主要插接器有_____插接器和制动_____插接器。线控制动系统控制器插接器上有_____个端子。

三、制订计划　　成绩：

　　1. 请根据线控制动系统故障诊断的知识，制订线控制动系统故障诊断作业计划。

操作流程		
序号	作业项目	注意事项
1		
2		
3		
4		
5		
计划审核	审核意见：_____ _____ 　　　　　　　　___年___月___日　签字：_____	

　　2. 请根据作业计划，完成小组成员任务分工。

操作人		记录员	
监护人		展示员	

（续）

作业注意事项
① 实训前须检查车辆是否停放到位，举升装置是否安全有效。
② 实训时远离火源及可燃物，保证场地通风，避开雨雪天气。
③ 故障诊断时，须确保场地无油污，工具规格相符。
④ 拆检过程中严格遵守课堂纪律，严禁私自乱动举升装置。

检测设备/工具/材料

序号	名称	数量	清点
			□已清点
			□已清点
			□已清点
			□已清点

四、计划实施	成绩：

1. 请完成线控制动系统故障诊断前的基本检查，并记录信息。

1）检查作业现场环境。

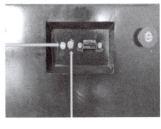

作业内容：

作业结果：

2）记录整车信息。

车辆基本信息	电源开关位置	□OFF	□ON
	应急开关	□OFF	□ON
	遥控器开关	□OFF	□ON
	电源总开关	□OFF	□ON
	品牌_____，车型_____		

3）故障诊断作业前检查仪表工具。

作业内容：

作业结果：

4）确认故障现象。

	车辆路试	车速_____，路况_____
	故障现象	

5）故障诊断作业前实施车辆防护。

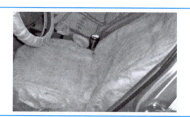	作业内容：	
	作业结果：	

2. 请完成线控制动系统供电电源故障检修流程，并记录信息。

1）故障现象。

	故障报文	
	故障码	
	故障码含义	
	故障等级	□一级　□二级　□三级

2）分析故障的原因。

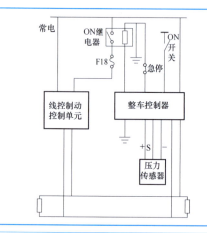		① _____
	故障可能原因	② _____
		③ _____

78

项目五　智能网联汽车线控制动系统装调与检修

3) 故障诊断过程。

诊断过程	① _____
	② _____
	③ _____
	④ _____

4) 故障排除。

故障点	
排除方法	□更换　　□维修　　□调试
再次读取故障码	□正常　　□异常
再次测试	□正常　　□异常

3. 请完成线控制动系统 CAN 通信故障检修流程，并记录信息。

1) 故障现象。

故障报文	
故障码	
故障码含义	
故障等级	□一级　　□二级　　□三级

79

2）分析故障的原因。

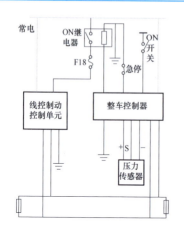

故障可能原因	① _____
	② _____
	③ _____

3）故障诊断过程。

诊断过程	① _____
	② _____
	③ _____
	④ _____

4）故障排除。

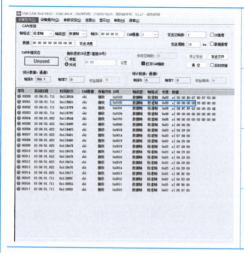

故障点	_____	
排除方法	□更换　□维修　□调试	
再次读取故障码	□正常	□异常
再次测试	□正常	□异常

项目五 智能网联汽车线控制动系统装调与检修

4. 请完成线控制动系统旋变编码器故障检修流程,并记录信息。

1) 故障现象。

	故障报文	
	故障码	
	故障码含义	
	故障等级	□一级　□二级　□三级

2) 分析故障的原因。

	故障可能原因	①
		②
		③

3) 故障诊断过程。

	诊断过程	①
		②
		③
		④

81

4）故障排除。

	故障点	
	排除方法	□更换　□维修　□调试
	再次读取故障码	□正常　□异常
	再次测试	□正常　□异常

五、质量检查　　成绩：

学习任务	线控制动系统故障检修		学时	4学时
姓名	实训车型		年　月　日	
标准时间	开始时间		完成时间	

序号	操作步骤		操作标准	操作记录	赋分标准	自评得分
1	检修前的基本检查	检查作业现场环境	检查清洁彻底，记录清晰、准确		2	
		记录整车基本信息			3	
		作业前检查工具			2	
		作业前实施车辆防护			3	
2	线控制动系统供电电源故障检修	故障现象确认：正确连接CAN分析仪，正确读取CAN报文	工具选择、使用正确，按维修手册的工艺要求完成		2	
		故障分析：根据CAN报文分析，正确找出故障码			3	
		故障原因分析：线控制动系统控制器电源故障、CAN通信故障、软件错误和系统控制器故障			3	
		诊断过程：测量线控制动系统控制器搭铁电阻，测量线控制动系统控制器供电电压，测量熔丝输入端电压，测量熔丝是否良好，测量熔丝电压输出端电路			12	
		确定故障点：正确找出线控制动系统控制器电源故障			2	
		故障排除：维修或更换相同型号的电路			3	

（续）

序号	操作步骤		操作标准	操作记录	赋分标准	自评得分
3	线控制动系统CAN通信故障检修	故障现象确认：正确连接CAN分析仪，正确读取CAN报文	工具选择、使用正确，按维修手册的工艺要求完成拆卸工作		2	
		故障分析：根据CAN报文分析，正确找出故障码			3	
		故障原因分析：线控制动系统控制器电源故障、CAN通信故障、软件错误和系统控制器故障			2	
		诊断过程：测量线控制动系统控制器搭铁电阻，测量线控制动系统控制器供电电压，测量熔丝输入端电压，测量熔丝是否良好，测量熔丝电压输出端和线控制动系统控制器插头ON供电之间电路，测量CAN线电压，测量CAN线电阻			15	
		确定故障点：正确找出线控制动系统控制器通信故障			3	
		故障排除：维修或更换相同型号的电路			2	
4	线控制动系统旋变编码器故障检修	故障现象确认：正确连接CAN分析仪，正确读取CAN报文			2	
		故障分析：根据CAN报文分析，正确找出故障码			3	
		故障原因分析：制动旋变编码器故障、电路故障、软件错误、控制器故障			3	
		诊断过程：测量制动旋变编码器搭铁电阻，测量制动旋变编码器供电电压，测量制动旋变编码器信号电压，测量制动旋变编码器线束电阻，测量制动旋变编码器电阻			15	
		确定故障点：正确找出制动旋变编码器故障			5	
		故障排除：维修或更换相同型号的制动旋变编码器			5	
5	场地恢复及现场5S管理		清洁整理工作台、工量具		5	

六、评价反馈	成绩：

请根据自己在课堂中的实际表现进行自我反思和自我评价。

自我反思：_____

_____。

自我评价：_____

_____。